JN171450

子どもに
やさしい学校に

古関勝則◉著

子どもは
だめであたりまえ、
じっくりと
成長していきます

高文研

はじめに

学校にゆったりとした時間がなくなってきました。子どもを育てるには、時間がかかるはずです。そして、友だちから、教職員から、保護者から、家族から、地域の方から、多くの方のいろいろなはたらきかけ・かかわりの中で、ゆっくりと育つのではないかと思うのですが、今、そんな時間がなくなってきました。

教員として三〇年以上過ぎました。その中で子どもの素晴らしさ、同僚の力の大きさ、保護者との連携の大きさ……たくさん実感してきました。でも、だんだん息苦しくなってきました。

かつての学校を振り返ると、ゆったりとした時間の中で、子どもも教員もじっくりとかかわってきたように思います。じっくりと子どもの話を聞く、どうでもいいような子どもの話を聞く、土日に地域で子どもと遊んだり、一緒に遊ぶ、ふれあったり……その中で子どもの良さを見つけたり、面白さを感じたり、成長していく姿を見てきたようです。そしてうまくいけば信頼関係ができ、教師のやりがいを感じたように思います。

今、子どもの話を丁寧に聞く余裕がなくなってきています。話を聞かないと子どものことをなかなか理解できないはずです。また、忙しさの中で、ひたすら自分の学級の子どもたちが悪いことをしませんようにと願うような、焦りや不安の中で仕事をしています。トラブルがあってこ

そ、子どものはずなのですが、何もトラブルを起こさない「よい子」であることを求められています。何かあった時

「あー、私の学級の子だったらどうしよう」

「うちの学級の子どもでなくてよかった」

と不安な声が聞かれます。

常に不安と焦りが教員にまとわりついています。なんとかしたいものです。

二〇一一年三月一一日、大変なことが起きました。世界的にもあり得ない東日本大震災・原発事故です。多くの方が亡くなり、悲しみと絶望の中で、多くの人たちがずっと苦しんできました。今も苦しんでいる方はたくさんいます。一日も早く安心できることを願わずにはいられません。

福島県の子どもたちは、今まで生活していた学校・友だち・地域を離れざるを得なくなりました。本当に大変でした。

でも、なんとか否定の中に肯定は見えないかと考えた時、二つありました。

一つは、避難所での人間の助け合いです。全ての避難所が助け合ったわけではありません。学校が避難所になったところでは、教職員が様々な仕事をしましたが、中には食料が集まらず、ひどく責めたてられた所もありました。決して教職員の責任ではないのにです。私が勤務した学校

では地域の方が全面的に協力して、助け合う姿が見られました。感動しながら多くの方と一緒に救援活動を行いました。困難な時でも助け合えば、人間信頼の関係ができると確信しました。

二つめは学校にゆったりとした時間が流れたことです。競争的な学校ではなく、子どもに寄り添う学校に一時的になったことです。ぜひとも、この時間の流れを取り戻したい、そうすればもっと子どもたちは人間を信頼して、自分を大切にしながら、そして友だちをはじめ人間を大切にしていくのではないかと考えました。

学力向上や問題を起こさないことだけを学校が追求していくのではなく、子どもたちはいろいろな問題を起こしながら、じっくりとゆっくりと成長していく、そんなことを願いながら実践をまとめてみました。

子どもにやさしい学校は、子どもをしっかりと育て、人間信頼の気持ちを育てると確信しています。

子どもにやさしい学校に—子どもはだめであたりまえ、じっくりと成長していきます—

はじめに……1

第一章　東日本大震災・原発事故後に見られた学校の姿
～学校にゆとりが生まれた～

（1）ゆとりのある学校に……10
（2）子どもの話をたっぷり聞く　子どもの大変さが分かった!……13
（3）見通しを与える……17
（4）「子どもはすぐに本音など話はしない」服部潔先生のお話……22
（5）その後の福島……24

第二章　学級崩壊の子どもたち

（1）保護者の叫び　「葬式のような授業はやめて下さい」……28
（2）学級開きで「先生の頑張ること」を話す……31
（3）明るい見通しを持たせる……33
（4）ちょっとしたことでも認め、励ます　四・五月は電話かけまくり……37
（5）全校生の前では六年生らしく　「遊び心」のある指導を……42
（6）子どもをつなぐ学級のイベント……46

第三章　排便のできない正美君との一年間

（1）サングラスをかけたお父さんと入学式に……58
（2）悲惨な生育歴　大人の責任……60
（3）一年生全員とスキンシップ……62
（4）楽しいイベントを……65
（5）けんかを始める……68

（6）一学期終了　大きな成果を喜び合う……72
（7）秘密の基地づくり……74
（8）とうとう・・・……76
（9）一年生の夢、現実に！……78

第四章　保護者と共につながる
（1）保護者は敵ではない……82
（2）保護者の置かれている状況……84
（3）保護者とつながる……88

第五章　子どもにやさしい学校に
（1）子どもの良さを見つけること……122
（2）究極の子どもの見方「生きているだけでいいではないですか？」……123

第六章　頑張る福島の子どもたち

（1）避難した子どもをいじめる……130
（2）頑張る福島の子どもたち……132
あとがき……142

第一章

東日本大震災・原発事故後に見られた学校の姿

～学校にゆとりがうまれた～

（1）ゆとりのある学校に

二〇一一年三月一一日、東日本大震災とそれに伴う福島第一原発の事故は、福島県、東北の多くの方の命を奪っただけでなく、故郷と家族を奪い、多くの悲しみと怒りを与えました。今も苦しんでいる方が数えきれないほどいます。

私は当時、福島県の川俣町の飯坂小学校に勤務していました。すぐ隣の飯舘村は、放射線量が高いことが分かって、なんと全村避難となってしまいました。自然に恵まれ、若者や女性を大切にした素晴らしい村でした。村長さんをはじめ、多くの方が涙を流しながら故郷をあとにせざるを得なくなりました。

子どもたちの生活も一変しました。学校では、絶対に肌を出さないこと（長袖、長ズボン、マスク着用を指示しました）できるだけ外に出ないことが指示され、夏になっても窓を開けることを禁止していました。校庭をはじめ、室外には絶対に出ないことが徹底されました。もちろんプールも使用禁止。米づくりや野菜づくりも一切中止。戸外で遊べなくなり、幼児や小学生に限らず、大人も含めた体力や運動能力の低下、心身の発達上の問題など、多くの問題が出てきました。福島県では、ずっと大きな課題となっていきました。数多くのマイナス面が大きく注目されました。

当然福島から避難する方も多く、大変な状況でした。今も、当時と変わっていないところもあり（仮設住宅に住む多くの人たち、除染の進まない状況など）、本当に大変です。しかし、プラス面もないかと考えました。

ありました。学校が変わったのです。何と、出張、研究公開、陸上大会や水泳大会、合唱コンクール、合奏コンクールが全てなくなりました。それは放射線量が高いことによります。そうなるとどうなるか、初めての体験でした。教員になってから、毎年出張がたくさんあり、研修させられ、研究公開があり、各種大会がありました。しかし、この時期だけは違っていました。

時間がゆっくりと流れました。教職員は、ガソリンを確保するのに必死の思いで苦労しましたが、違った良さも感じていました。学校では初めてのことが起きました。

一つめは勤務時間が守られるようになったことです。八時一〇分に出勤し、一六時四〇分に退勤します。通常だと一九時、二〇時が当たり前でした。忙しい時は二二時過ぎまで勤務していました。それはどの学校でも同じことでした。しかし、原発事故以降、勤務時間が守られるようになったのです。いつも忙しく退勤時刻の遅い教頭先生も一八時過ぎには退勤できるようになりました。とてもゆとりを感じました。

一七時過ぎに退勤する女性の先生は

「教員になって初めて、家でテレビドラマをゆっくり見ることができた」

と話していました。一九時以降になると、スーパーマーケットの生鮮食料品が安くなるからといつも遅く退勤していた先生も、

「もう、自分の時間にした方がいいから」

と言って早く退勤するようになりました。

初めて人間らしい家庭生活が送れるようになったのでした。

二つめは、豊かな家庭生活のせいでしょうか？　ゆとりのある学校のせいでしょうか。子どもにやさしく接する先生がふえていたように思います。大変失礼ですが、いつも子どもに厳しく、子どもにとって怖い先生が
「どうしたの？」

とやさしく声をかけている姿を見て驚きました。初めて見た光景でした。やはりゆとりがあると、人にやさしく接する余裕が出るのでしょう。学校のあるべき姿としてとてもよいことと感じました。

三つめは、子どもとたっぷり触れあえたことです。一〇時一〇分から一〇時三〇分までの二〇分間、一三時から一三時四〇分までの四〇分間、何もすることがなくなりました。子どもの話を丁寧に聞くことができました。また、体育館で遊ぶこともできました。これまた初めてのことでした。

ゆとりがあると、子どもにやさしい学校になることを実感しました。

（2）子どもの話をたっぷりと聞く　子どもの大変さが分かった！

子どもの話をしっかり聞くことができるようになり、子どもと遊ぶこともできるようになった学校。私は、教務主任ということで、学級を持っていませんでした。しかし、なぜか六年女子二人を見ることになってしまいました。

一人は、孤立児の明日香さんです。もう一人は綾さんです。二人とも大きな問題をかかえている子どもで、指導が困難でした。詳しく二人の様子をお伝えしたいと思います。

明日香さんは、三年生の時から、友だちとかかわらない、先生ともかかわりを持とうとしない、挨拶もしない、いつも一人でいるという子どもでした。身体は大きく、大人びていましたが、先生が声をかけても

「別に～」

としか答えないので、だんだんかかわるのが嫌になってきていました。なぜ、子どもたちや先生とかかわろうとしないのか分かりませんでした。「生意気」「かわいくない」という言葉がぴっ

たりの感じでした。

綾さんは、友だちや先生と話をしない子どもでした。緘黙児でした。これまた理由は分かりませんでした。六年生になったばかりでしたが、中学生になった時に困るのではないかと先生方は心配していました。他の学校から入学してくる子どももたくさんいるので、スムーズに話ができるかもしれないという考え方と、このままだと中学校でも話ができないのではないかという二つの考え方が先生方にはありました。

二人の問題は大きいものでしたが、どうやって解決するか、見通しがありませんでした。そんな時に、自然に私が担当するような形になってしまいました。

休み時間、二人と一緒に過ごすようになりました。ワークスペースという絨毯敷きのところに三人で集まって、はじめはトランプをやって遊びました。毎日、毎日です。明日香さんは、芸能界の話が好きで、

「古関（呼び捨てでした）は誰が好きなの？」

「そんなのどうでもいいから」

と、おもしろくなさそうに言うと

「古関、芸能人知らないんだ」

「悪かったな」

とうんざりしていましたが、そう同じ話は続きません。次第に自分自身の話になってきました。はじめに、子どもに大切なこととして『見通し』を与えようとしました。それで
「明日香さん、自分のいいところってなんだと思う？」

「いいところ、そんなのないよ」

「一つぐらいあるでしょう？」

「ない、だめなところはいっぱいあるよ」

「そうかなあ」

「だめなところはね。頭が悪い、性格が悪い、生意気、ブス、友だちいない、何をやってもだめ」

自分を責める言葉が続き、驚いてしまいました。どうしてそんなに自分を責めるのかなと思いました。

「そんなことはないよ。勉強も頑張っているし、一緒にいると楽しいし……」

自己肯定感の低さが気になりました。

しかし、毎日毎日話をしていると、だんだん大切なことも話せるようになってきました。職員室には綾さんが迎えに来てくれました。話をしないことを先生方も知っています。ですから、綾さんがあいさつなしで職員室に入ってくるのを見ても、見て見ぬふりでした。黙って職員室に入ってきて、私の背中をトントンと叩くと、

「よし、いくか」

と言っていつもの場所に行きます。

明日香さんは、五月に入ると、家族の話をしてくれるようになりました。三年生まではとても幸せだったそうです。お母さんは夜の商売なので、とても派手な服装でした。私から見るとお母さんは頑張っているという感じでした。お父さんとお母さんとお姉ちゃんと明日香さんの四人家族でした。

ところが三年生のある晩、お父さんとお母さんが派手なけんかをして、大好きなお父さんが家を出て行ったそうです。その夜、布団の中で号泣しながら、朝を迎えたそうです。しばらくして、いくら待っていても、お父さんは帰ってこないことを知りました。そして、だんだん人とかかわるのはやめようと思ったというのです。どうせ一人なんだから、友だちもいらないし、先生にも声をかけてもらわなくていいと思ったそうです。その後は、ずっと一人でいたという話をしてくれました。わずか一〇歳なのに、一人でいいと思ったというのです。驚きました。そして、何とかわいそうなんだろうと思いました。応援していかなければと思いました。

一学期の間は、校庭に出ることが認められませんでしたので、二人との話はずっと続きました。とても貴重な時間でした。

チャイムがなって、話をしている場を離れようとすると、明日香さんがちょっかいを出してくるようになりました。スキンシップを求めているのだとすぐ分かりました。蹴りを入れてきたり、抱きついてきたり、くすぐってきたりしました。

「やめろよ」

と言うのですが、全くやめません。身体が大人っぽいので、下手をするとセクハラに見えてしまうのではないかと不安に思いました。でも、校長先生がニコニコして通られるので、大丈夫かなと思いました。毎日、スキンシップを求めてきました。

(3) 見通しを与える

子どもは未来に向かって生きています。だから「過去」よりも「これからのこと」が大切と感じています。明日香さんもお母さんと何とかやっているような感じでしたが、生きづらさは強く感じていました。何とか支えられればと思いました。

五月下旬、将来について話し合いました。

綾さんは、私と明日香さんの話をじっと聞いていました。でも、何とか話をしてほしいなと思い、時々ちょっかいを出しました。

「綾さんに聞きます。古関先生と○○さんとどっちが好きですか？」

綾さんは、笑いながら私の身体を強く押してきます。そんなことを繰り返しました。話をすることで、相手に気持ちが伝わることも繰り返し話しました。しかし、簡単に話をするなど考えられません。じっくりとかかわっていこうと思いました。その余裕が学校にあったのです。今、考えるとすごいなあと思います。

明日香さんとは、将来の話をしました。六月上旬、こんな話をしました。

「明日香さんは、将来何になりたいの？」

「んー、別に」

「あのねえ、先生も、一つの職業しかやっていないから、たいしたことはわからないんだけど。少し参考にできるかも。大学生の時、家庭教師をやったり、本屋さんで店員をやったり、デパートの前で婦人服を売ったり、コンサートの会場で警備をやったり、いろいろやってきたんだけど、先生が一番あっているような気がするんだよね」

「ふーん」

「明日香さんも、先生なんかどうかな？　学校の先生はね、どちらかというと優等生が多いの。だから、勉強のできない子どもや問題のある子どものことがよく分からないんだよね。明日香さんのように、いろいろ苦労して育った人が先生になると、いい先生になれると思うんだけど。どうかな?」

「ふーん、じゃあ古関も問題児だったの?」

「はあ?」

と言って絶句してしまいました。（こいつ、仲間だと思っているのかと少しうれしくなりました）

でも認めるのはどうかと思い、

「それは何とも言えないけど」

「ちょっと考えてみて」

「うん」

楽しそうに綾さんも話を聞いていました。その後、いつものように抱きついてきます。さらに、蹴りを入れたり、くすぐりを入れたりしてきます。

「やめろよ」

「逃げるな。古関、卑怯だぞ」

「はあ」

笑いながら二人と分かれました。ひたすら
「やめろよ」

と言って逃げました。

翌日です。

「昨日の話、どうなった？」

「はあ、何の話？」

「先生になるのはどうかな、っていう話」

「ああ、あれね」

「あれねじゃないよ」

「やめる」

「はあ？　なんで？」

「だって、学校の先生って給料安いじゃん？」

「はあ？　なんで？」

「いつもジャージ着てさ。いつも運動着の人なんてそんなにいないよ」

「あのねえ、違うんだよ。あんたが一年生の時、鼻水を垂らして『古関先生、遊ぼう』って言って抱きついてきたの。そうしたら、あんたの鼻水がべったり服につくでしょう？　だから、汚れてもいいように、いつもジャージなんだよ」

「してねえし」

と言って蹴りを入れてきました。

「あのねえ、学校の先生は給料がいい方なんだよ」

「ふーん」

「ちょっと考えてみる？」

「まあね」

その後、学校の先生になるためのよりよい方法を示し、「明日香さんは、勉強できるから大丈夫だよ」と話して励ましました。

明るい見通しがあると、元気になるようです。つらいこと、苦しいことばかりでは、とても頑張れません。

一方綾さんは、三人の中だと少しずつ声を出すようになってきました。特に、からかうと「違う」「そんなことない」と言ってニコニコするようになってきました。これもたっぷり時間のある中で、できたことでした。

二人は、今、高校三年生になりました。楽しく充実した高校生活を送っているそうです。自分の夢に向かって頑張っています。

子どもの声を聞く学校はすごいなあと思いました。こんなことを思い出しました。

（4）「子どもはすぐに本音など話しはしない」服部潔先生のお話

明日香さんと話し合っているうちに、教員になったばかりの時、服部潔先生という素晴らしい先生からお聞きしたことを思い出し、子どもの話を丁寧に聞くような学校が一番なんだということを再確認しました。こんなことをお聞きしました。

「あのねえ、子どもはすぐに困っていますとか、悩んでいますとか言わないものです。何回も何回もちょっかいを出して、この人は信用できるのかどうか確かめてから、ようやく話す気になるんだよ。とても時間がかかるんだよ」

「こんなことがあったよ。学級で一番問題をかかえた子どもが、放課後教室に入ってきたんだよ。ちょうど私は事務処理をしていたんだけどね。すると、私の近くに来てこう聞くんだよ」

「服部先生、夕べ、お母ちゃんとデパートに行ったんだよ。何階に行ったと思う？」

服部先生は、どうでもいいと思って、

「じゃあ、一階か？」

と言うと
「ううん。違うよ。何階だと思う?」

「んー、二階か?」

「違うよ。何階だと思う?」

「三階かな?」

「違うよ。何階だと思う?」

だんだん服部先生は、イライラしてきたそうです。同じように、四階、五階、六階、七階と進み、とうとう
「じゃあ、八階か?」

と言った途端、にこにこして
「そうだよ。八階だよ。初めて、お母ちゃんと一緒に、八階のレストランでご飯を食べたんだよ」

服部先生は、頭をなでてやりながら
「それはよかったなあ。お母ちゃんと一緒では美味しかったろう」

「うん、美味しかったよ」

と答え、笑顔で教室をあとにしたそうです。

服部先生は、じっくり聞いてあげてよかったと思ったそうです。そして

「学校はじっくりと子どもの話を聞いてあげなくてはならないね」と話されました。なるほどなあと思い、それ以来子どもの話を丁寧に聞くように努力しましたが、なかなかうまくいきませんでした。

でも、東日本大震災・原発事故以降の福島県の学校の中には、ゆとりを持ってじっくりと子どもの話を聞くことができる状況の学校もあったということです。貴重で、大切な体験だったと思います。

三月一一日以降、少なくても一学期間は学校にゆとりが生まれ、子どもの話を丁寧に聞くことができました。

（5）その後の福島

二学期になると、いろいろな復興イベントやら子どもたちを励ますための物資が届けられました。また、福島県内でなく県外へ出かけるために補助金が出されるようになりました。イベントはありがたいのですが、徐々に学校が元に戻る中で、負担となることもありました。

三学期になると、次第に元通りの学校になっていきました。しかし、浜通り（原発事故により放射線量が高く、避難地域になったところ）の学校は、バラバラになり、本当に大変な思いをしました。なかよしだった友だちと離ればなれになったり、学校がなくなって、会津ほか別な地域に学校を移すということもありました。あり得ないことばかり起こっていったのです。学校の先生は「兼務」といって、自分の家から遠いところに勤務したり、夫婦で別な学校に勤務するため、離ればなれに暮らすという状況も出てきました。また家族がバラバラにならざるを得ないという状況も出ました。本当に苦しい思いをしながら毎日を過ごしていました。

教員向けの学習会に積極的に参加しました。心理学の研究者たちは、福島の子どもたちが置かれている現状がとても厳しいことにふれ

「学校ではゆったりと時間が過ぎるようにして下さい。そして、今日も生きていてよかったと思えるような安心感のある時間を大切にして下さい」

という話を何度も聞きました。しかし、学校にはそんな時間はありませんでした。次第に学力向上に向けて、元の学校に戻っていくのでした。しかし、震災直後のゆったりとした時間の流れは、忘れてはいけないと思っています。なんとかして伝え、広めていきたいと考えています。

第二章

学級崩壊の子どもたち

（1）保護者の叫び　「葬式のような授業はやめて下さい」

学級崩壊と言われる学級を三度担任したことがあります。

その中の一つの学級についてどのように子どもたちと良い関係をつくり、指導が入るようになったかをまとめてみました。

この学級は五年生の一学期終わり頃からおかしくなってきました。

まず、先生の指導が入らなくなり、好き勝手なことをする状況になりました。

保護者の学校に対する不信感も高まりました。

教室の中はゴミが散乱し、ロッカーなどからは道具がはみ出ていました。座席は不思議なもので、女子が前、男子が後ろと固まっていました。

全校集会では、ダラダラと入場し、「前へならい」と担任の先生が言ってもやろうとしません。歌を歌うことになっても歌いません。

二学期になると、授業中誰も手を挙げなくなったと言います。授業参観でも同様で保護者からは

「お葬式のような授業はやめて下さい」

と言われるほどだったそうです。きっと大変だろうと思い、五年担任の先生にいろいろアドバイスをしたり、学習会やサークルに誘ったりしましたが、

「自分のやり方がありますから」

と断られることが多くありました。五年担任の先生がベテランであったことも私が接しにくい要因となったような気がします。しかし、学級はますます荒れてきて、一一月には担任を代えてほしいという署名活動が保護者の間で開始されました。その署名を持って校長先生に訴えに来るほどでした。

私は、六年生担任でした。隣の五年生は気にしながらも、五年の担任の先生からなかなか受け入れてもらえず、卒業式を迎えました。とてもやさしい子どもたちで、私は涙を流しながら子どもたちと別れを惜しみました。一人一人花束を持ってお礼の言葉を言うために一列に並んでくれました。一言一言、本当に心に響きました。

卒業生の見送りが終わり、子どもたちのいない教室に戻り、楽しかった二年間をふり返っていました。すると、校長先生から

「ちょっと良いですか？」

と言われて校長室に。まさかと思いながらも、私は再度五年生のはずと思って校長室に向かいました。ソファーに座ると、校長先生に

「素晴らしい卒業式でした。とても感動しました。二年間（五年・六年と担任したので）ありがとうございました」

と言われました。その後、

「今日卒業させたのに、本当に申し訳ありませんが、四月からまた六年生を担任して頂けませんか？　大切な仕事をたくさんやっていただきながら、再度六年生担任というのは大変すぎることは十分分かっています。しかし、何とかお願いしたいのです」

と言われました。学級の様子、学校の様子、保護者の不安や怒り……いろいろなことを話されました。結局、たくさん大切な仕事を持ちながら大変な子どもたちの担任をしてほしいということでした。大きな理由は、保護者と学校との関係が、どうにもならない状況になっていることだったそうです。

大変なのは分かっていましたが、子どもたちのやる気のない様子、自信をなくしている様子、保護者の困り果てている姿や声なども考えて、担任しようと思いました。校長先生は、できるだけ学校の仕事を軽減することを約束してくれましたが、それはたぶん無理だろうという気持ちでした。

（2）学級開きで「先生の頑張ること」を話す

四月六日、担任発表の時、六年生の子どもたちを見ると、予想外に笑顔が多くありました。いくら大変でも「相手は一一才の子ども」「ゆっくりとのんびりやっていこう」「急激な変化は望まないでいこう」「子どもの声をしっかりと聞いていこう」と思いました。

春休み中には、問題をかかえた子どもをチェック。特に担任の指導を拒否し続け、学級をかき乱した子どもの特徴をとらえました。でも簡単にしました。

学級開きでは、自己紹介をし、見通しを与えました。

「私は、今までのことは気にしません。なぜなら、子どもは未来に向かって生きていくからです。今までのことよりも、これから、今日からが大切です。今日から一緒に楽しい一年間にしていきましょう」

「先生の頑張りたいことは四つあります」

「一つめは、分かる、できる、楽しい授業をやることです。勉強は生きていく上で、とても大切なことです。私も、皆さんが楽しく、分かるように、できるように教えていくように努力します。もし、皆さんが一生懸命勉強したとすると、予定より早く、六年生で学習すべき内容が終わります。三月に卒業した六年生もそうでしたが、二月に『一週間自由時間割』をやりました。自分で学習するように自分だけの時間割をつくるのです」

詳しくはあとで紹介します。子どもたちは「えーっ」という感じで話を聞いていました。

「二つ目は、学級集団づくりという方法を使って、一人一人が安心して楽しい生活ができるようにしていきます。失敗を笑われたり、嫌なことを言われたり、いじめや仲間はずれがあったらどうでしょう？　学校に来たくないですよね。楽しく安心して学校に来ることができるようにしていきます。でも、そのためには、先生だけが頑張るのではなく、みんなで頑張らないとうまくいきません。一緒に力を合わせていきましょう」

「三つ目は、遊びを大切にします。いろいろな遊びを教えますので、楽しみながら、友だちっていいなという気持ちを育てましょう。集団遊びは、競争でなく、友だちと一緒にやると楽しいなという気持ちになります」

「四つ目は、皆さんのお父さん、お母さん、家族の皆さんと一緒に皆さんをよりよく育てていきます。力を合わせて頑張っていきます」

こんなことを話して、学級開きを終えました。

（3）明るい見通しを持たせる

前述した通り、子どもは未来に向かって生きていく存在です。過去よりもこれからを重視することを子どもの前で宣言します。そしてどんな楽しい未来が待っているか、見通しを持たせます。

学級崩壊であった子どもたちに話したことは、「一週間自由時間割の実施」でした。六年の一月までに学習すべき内容を終わり、二月に自由時間割を行うことを話します。まず、月曜日から金曜日まで、六校時まで空欄の時間割を見せます。

「それで音楽と体育は人数がいないと難しいので、この二教科はみんなで一緒にやります。それ以外は自分で決めるんですよ。でも、読み・書き・計算といった基礎的なことができていない時は、毎時間一五分ずつやってもらいます」

「二時間読書をする人もいるし、三時間図工をやる人もいるし、みんな本気になって勉強するんですよ。ヘトヘトになるんですが、とてもやりがいがあるようです」

「こんな感想があります」

二人の文章を紹介しました。

一週間自由時間割が始まりました。こんなに学校で勉強したのは初めてです。四校時になると疲れてしまって、外の景色をボーッと見ていました。でも、もったいないのでまた勉強を始めました。五校時は、もう頭の中がいっぱいになると思って、図工を入れておきました。図鑑を見ながら、昆虫の絵をうつしました。とても楽しい時間でした。こんなに楽しい時間は最高です。

学校がこんなに楽しいと思いませんでした。自分の考えた時間割なので、ずっと本を読みました。すごく充実していました。小説のあと、歴史の本、疲れた時はまんが「豊臣秀吉」を読みました。一時間目から四時間目まで読みました。とても楽しい時間でした。よかった！

これは学級通信に掲載した文章ですが、どの子どもも大満足します。子どもたちは、そんなことができるんだといった表情で、ニコニコしていました。六年の一月までに学習内容を終え、一月から私と子ども一人一人とじっくりと話し合って決めていくことも伝えます。その時になって何をやろうかなでは失敗するので、じっくりと話し合って決めることを伝えます。

最後に

「これをやるには、授業中、みんな集中していかなければ無理です。先生も本気になって教えますので、皆さんも一緒に頑張ってもらえませんか?」

と言います。

というように、分かる、できる、楽しい授業をやってしっかり学力をつけられるように努力します。

見通しを持つと子どもたちは結構頑張るものです。もう一つ、学級でけじめがつけられるようになったら保護者と一緒に学校に泊まる「親子学校宿泊」もやろうと提案します。これは、卒業した子どもたちが六年間で一番楽しかった思い出として第一位になったことなので、目の前の子どもたちもやりたいといった表情でした。何をすればいいかは、ゆっくり示していくと話しました。

このように年間を通して三つの見通しを与えるようにしていきました。

一つめの見通しは、次の日の見通しです。明日はどんな楽しみがあるか、どんなことに取り組むかです。例えば、こんなことを話します。

「明日の社会科では、一度に一〇人の話を聞き分けることができたという人の勉強をします。楽しみにして下さいね」

というようにです。ただ、だらだらと過ごすのではなく、明日はこんなことを頑張ろう、こんな楽しみがあるというものを持たせるということです。ということは帰りの会が大切になってきます。

二つめの見通しは一週間から一ヶ月後のものです。よくイベントをやったり、一ヶ月後の行事に取り組むのがそれです。例えば「ロッカーをきれいにしよう」とか「風船バレーボール大会を成功させよう」といったイベントを話し合って決めることがあると思います。イベントは、子ども同士をつなぐよい方法です。どちらかというと学力競争と対外的なコンクールなどで精一杯の学校。でも、いろいろな子どもたちと触れ合い、お互いにその良さを見付けたり、一緒に協力し合ってイベントを成功させたりすることも、本当は学校で大切なことです。そのための見通しが二つめということです。第三章で「排便のできない正美君」との一年間は、イベントを繰り返すことで一年生が親しくなり、心身を発達させ、正美君を人間らしくしたと言えます。そこで詳しく述べています。

三つめの見通しは、学級開きで「一週間自由時間割をやる」と話しましたが、長期的な見通しのことです。子どもたちは、明日も大切ですが、半年後、一年後に何があるかということも大切です。「親子学校宿泊」も「一週間自由時間割」も近い将来の楽しみということで、心に残ると同時に、頑張ろうという気持ちになるようです。それよりも、私自身が楽しみになってきます。一年後、卒業の時に、「ああ、この子どもたちと一緒でよかったなと思えるようにしよう」「先生っていいなあと思えるように楽しくやっていこう」という気持ちにさせます。

逆に、この子どもたちは四年生の時に、いじめや盗み、暴力事件を起こしたから、要注意、では子どもにやさしくすることはできません。子どもは未熟で当たり前。いろいろな問題を起こしながら、少しずつ成長する存在と考えています。

だからこそ、子どもたちには明るい見通しを与えたいものです。

教師自身も「過去」のことより「これから」が大切と考えるべきかと思います。

(4) ちょっとしたことでも認め、励ます　四・五月は電話かけまくり

子どもたちは、自分の欠点は嫌というほど分かっています。でも、「あなたのよいところは?」というと答えられないことが多いのです。日本の子どもたちの「自己肯定感」の低さは、先進国の中でも最下位に近いという統計資料がそのことを物語っています(資料「内閣府平成二六年版子ども・若者白書」より「日本の若者は諸外国と比べて、自己を肯定的に捉えている者の割合が低く、自分に誇り持っている者の割合も低い」)。

学級崩壊を起こしていた子どもたち。問題をかかえた子どものお母さんは、学校から電話が毎日のようにきて担任から延々と苦情を言われたそうです。また、暴力事件を起こした子どもの保

護者は、夜八時過ぎに相手の家を訪れ、親子でお詫びしたこともあったそうです。四年間、我が子が何もほめられず、唯一「たくさん給食を食べるお子さんですね」と言われただけという保護者もいました。みんな頑張っているのに、なかなか認めようとしません。特に、身内の批判のようになっては申し訳ないのですが、明日香さんとのやりとりにあったように、学校の先生はどちらかというと優等生が多いので、問題をかかえた子どもの苦しみや悲しみはなかなか気付かないのかもしれません。

この子どもたちも表情を見ると、すぐに分かりました。

「どうせ俺たちは………」

「だめ学級だから」

「何をやってもだめ。先生からも親からも怒られるだけ」

まずは子どもの当たり前を認めることを大切にしようと思いました。当たり前のことができたら良いと見れば楽になるかもしれません。良い子であることばかりのぞんでいくと、子どもたちも疲れてきてしまうかもしれません。当たり前にやっていたら、認めてあげることも大切なのではないでしょうか？　挨拶、掃除、片付け、言葉遣い、身だしなみ、整理整頓、ほどほどにできれば『良し』と見ていくと、ゆとりを持って子どもに接することができるかもしれません。他の学級、学年と比べて、「まだまだ」と見ると、どうしてもあせってきて、注意・叱責が増え、子どもとの関係が悪化していきます。当たり前にできることを評価してあげてはどうでしょうか。
学級が変わって、担任したばかりの四月・五月は家庭に電話をかけることを多くしています。特に問題をかかえた子どもの家庭には丁寧に電話をします。内容は、少しでも頑張ったらその頑張りを伝えるだけです。電話をして子どもが出た場合
「お父さんかお母さんに変わって頂けますか？」
と言うとほとんどの家庭で
「えー」
「何かやったの？」
という声が聞こえてきます。今まで学校からの電話というと問題を起こしたことの報告と反省を求めることがほとんどだったのでしょう。私が
「今日の算数の授業の時のことですが、三回も発言しました。素晴らしいことですので、是非ほめてあげて下さい。家庭学習も頑張っていますよ」
「えーっ、そうですか。ありがとうございます」
このように問題をかかえている子どもの家庭に電話をして安心して頂くと同時に、家庭でも励まして頂くようにするわけです。些細なことでも、保護者に伝えるだけで、「今年は今までと違うかもしれない」「我が子を認めてくれるかもしれない」という気持ちになって頂くわけです。

保護者にほめられて、子どももいい気分で翌日学校に来ます。保護者もいい気分になります。

では、問題をかかえた子どもの何をほめるのかということになりますが、どんなことでもいいのです。「返事がよかった」「姿勢がよかった」「やる気を感じた」「清掃を頑張っていた」「作業を手伝ってくれた」………何でも大丈夫です。ただし、事実でなければなりません。あわせて、そのことがなぜ良いのかを伝えると保護者も喜びます。

「授業中、集中していますよ。やる気が感じられて素晴らしいです。何度も発表するので、理解も深まってきました。とても伸びていきますよ。応援して下さいね」

といった感じです。

一度は電話をした翌日、こんな手紙がきました。


いつもお世話になっております。

昨夜は、お電話をいただき、本当にありがとうございました。いつも問題を起こして、お詫びするばかりでしたが、頑張っているとほめていただき、本当に本当にうれしくなりました。昨夜は、いっぱい子どもをほめて、幸せな気分になりました。主人とも喜び合いました。問題ばかりの我が子ですが、少しはよいところもあると思って、できるだけ励ましていきたいと思います。

どうかよろしくお願い致します。


今年の五月は、こんなことがあってびっくりしてしまいました。四月下旬、亘君の家に電話をしました。それは、私の机の上に置いてあった児童ゴム印を出席番号順にそろえてくれたお礼が言いたかったからです。お父さんが電話に出られました。

「亘君ですが、今日の放課後、私の机においてあった児童ゴム印を出席番号順にきれいにそろえてくれたんですよ。たくさん子どもたちがいましたが、気がついてそろえてくれたのは亘君だけでした。すてきなお子さんですね。是非ほめてあげて下さい」

と話しました。するとお父さんはうれしそうに
「ありがとうございました。これからもよろしくお願い致します」

と丁寧に言われました。それから五日後、家庭訪問がありましたので、お邪魔するとお父さんとお母さんと本人の三人が待っていてくれました。するとお父さんが
「実は先生から電話を頂いたあと、妻が号泣していたんですよ。二〇分ぐらい泣いていたんですよ」

とのこと。びっくりしました。

「どうしてですか？」

「あのー、四年生まで『変わっている子』としか言われたことがないんですよ。ほめて頂いたのは初めてだったんです。だからうれしくてうれしくて泣いたんですよ」

「えー」

お母さんはとてもうれしそうで、

「古関先生になって本当によかったです」

と話してくれました。うれしい気持ちになりましたが、四年間も「変わった子」としかとらえていない学校のあり方は問題だなと感じました。

もっともっと子どもの頑張りや当たり前にできることの素晴らしさに気付かせ、親にも伝えるべきだと感じました。

四月・五月は保護者とつながるとても大事な時期だと思います。

(5) 全校生の前では六年生らしく「遊び心」のある指導を

頭が痛いことに、この学級の子どもたちには全校集会などでの態度の悪さという問題がありました。しかし、これも遊び心でなんとでもなるものです。子どもたちに

「皆さんにお願いがあります。全校集会の時、皆さんの前に先生が立ったら『前へならい』をやってもらえますか？　難しいですか？」

「別に……」

「じゃあ、やってもらえますか？」

「はあ」

「さらに、校長先生がお話される時、じっと校長先生の方を見て頂けますか？」

「だってよ。校長先生の話、いつもつまんねえもんなあ（つまらない）」

「いつも同じ」

「だから話を聞けとは言っていません。校長先生の方を見て下さいって言っているだけです。話は私がしっかりと聞いて、皆さんに伝えますから」

「校長先生のお話の時は、校長先生の方を見て、何か楽しいことでも考えていて下さい。それだけで六年生は評価されます。できますか？」

「簡単じゃん」

「じゃあ、廊下でやってみましょう」

私が前に行くと、一斉に『前へならい』をする。

「ちゃんとできますね。さすがです。うまくいったら、頑張りの木に実を増やしましょう」

体育館に行くとすーっと『前ならい』をして、しっかりと前を見ることができました。先生方はとても驚いているようでした。

教室に戻り、子どもたちをほめました。

「やればできるじゃないか。人が生きていく中で、何も話してはいけない時があります。それはお葬式などの時です。いつでもしっかりとできるように頑張りましょう」

どうでも良いことは簡単にすませるということも大切かもしれません。一年間を通して、廊下の真ん中に立ち
「はい、右側」

「右側ですよ」

「何回言ったら分かるかな?」

と言い続けた先生がいます。しかし、いっこうに右側歩行はできません。それよりも、右側を歩いている子どもに
「すごいなあ」

「偉いねえ」

と言っただけで、しばらく右側を歩いてくれることが多くあります。学校は「注意」「叱責」が多いところです。当たり前のことを認め、励ますことで、簡単にできることもあります。「遊

び心」のある指導も大切かもしれませんね。

六年生の子どもたちを見ると、荒れていたというよりも、学校生活が楽しくなかったのかなという感じがします。子どもなので、楽しいことやワクワクすることにはのってきます。それが足りなかったのかなと少しずつ思うようになってきました。

チャイムが鳴ると授業開始の合図ですから、席に着くのが当たり前です。しかし、五年生からの悪い習慣のせいか、なかなか席に着くことができませんでした。というよりも遊びに夢中になって遅くなってしまうのでした。そこで、子どもを叱りつけるのではなく、「まずい」と思わせるような指導を心がけました。

遅れてきた時に、ストップウオッチを見ながら、丁寧に話します。

「今、三校時になって三分もたちました。つまり三分間授業をやらなかったということになります。責任を感じています。先生は、皆さんのお父さんやお母さんが出して下さった税金から給料を頂いています。公務員というのですが、きちんと仕事をしないとお父さん、お母さんに申し訳ないと思うのです。それで、この三分間はきちんとやらせてもらって、仕事をします。終わりのチャイムが鳴っても三分間、授業をやらせて下さい。とても責任を感じています。では、始めましょう」

子どもたちはきょとんとしていますが二回、三回と実践すると、遅れてきた分授業を長くやるということに気づき、声をかけはじめるのです。

「おい、早く席に着けよ。また長くやられるぞ」

「時間を守れって」

一週間もすれば、きちんと席に着くようになりました。しかも、一週間自由時間割のこともありますので、真剣に学習するようになってきました。授業中は認められ、励まされることがほとんどなので、積極的になってきました。五月に入ると授業がとてもやりやすくなってきました。

(6) 子どもをつなぐ学級のイベント

子どもは楽しいことが大好きです。荒れていた子どもたちも五月になるととても落ち着き、授業がしやすくなり、子どもに声をかけやすくなりました。保護者とも学級通信や電話かけを通して親しくなることができました。そうなると、子どもの頑張りも見えるようになってきました。

さらにこんなイベントを行って、学級を盛り上げながら、リーダーを育て、子どもたち同士の親密な関係をつくっていきました。

①管理的な取り組み

教室をきれいにしたり、ロッカーをきれいにしたり、時間を守ったりすることです。これらは普通、教師の指導で行われます。しかし、なかなかうまくいきません。すると、注意・叱責になっていきます。それでもうまくいかないと、注意・叱責が激しくなり、大声を出したり、脅しに近いことになったりします。それで、子どもたちの集団内部にある教育力を生かして、自分たちで納得したうえで自主的に取り組んで成功させようというものです。

「ロッカーをきれいに整理整とんしよう」という取り組みをやりました。まず班長会で(リーダーが集まって話し合いをします)「なぜ、このことに取り組むのか」を話し合いました。すると

「ロッカーがきれいだと、見た目がいいし、使う時に使いやすいからです」

「自分のロッカーに道具などがきちんと入っていると、ものがなくならないと思います」

月曜日から金曜日まで取り組むことになりました。三時間目が始まった時と帰りの会が始まる前の一日二回、ロッカーを点検することになりました。日直の子と先生が一緒に、ロッカーの点検をすることになりました。班ごとに「失敗しても良い回数」つまりきれいにそろっていなくても良い回数を決めました。子どもたちに任せると、

「失敗はだめ」

「一回でもきれいになっていなかったらだめ」

と言います。子どもたちは完璧を求めています。今の学校の要求していることをそのまま反映しているように感じます。とても危険な感じがします。失敗を認めようとしないのは、どうなのでしょうか？　でも、私は
「人間は失敗しながら成長していくんだから、失敗も認めようよ」

と言って、失敗しても良い回数を決めてもらいます。五日間で、失敗した回数以下でおさえられれば「大成功」となります。見てすぐ分かるように、画用紙に決めた失敗の回数分の小さな折り紙を班ごとに貼ります。点検してだめだったら、

「三班、一人そろっていなかったので、一枚はがします」

と言って折り紙をはがします。画用紙は教室の前に掲示してあるので、子どもたちも分かりやすいようです。点検の時間になる前に、

「みんなで確認しよう」

「一緒にやるとうまくいくよ」

「○○君（なかなか自分では片付けられない子どもです）一緒にやろう」

などという声が聞こえてきます。とても素晴らしいことだと思います。結局、金曜日まで折り紙がどの班も一枚以上残りました。大成功です。

簡単な総括（反省・良かったことと課題）をします。とても大切なところで、こんな意見が出ま

した。

「班長さんが、一緒にやろうと声をかけてくれたことが（成功するのに）大きかったです」

「みんなで声をかけ合ってやったのがよかったのだと思います」

「○○君、一緒にそろえようと声をかけてもらったので、頑張ることができました」

などとてもよい意見が出てきます。私は

「皆さんは、友だちのことを考えて、声をかけ合って頑張りました。素晴らしいことだと思います。みんなで声をかけ合っていくと、もっともっといい学級になるかもしれません」

そしてお祝いです。遊びをやったり、散歩をしたり、時には美味しいものを食べたりして頑張ったことを喜び合いました。

自分たちで自分たちの生活を良くするために頑張るという「自主管理」の方法を用いました。

②遊んで楽しむ

遊びは子どもたちを生き生きさせます。しかし、今の子どもたちはなかなか遊びにのってきません。人数がそろわないとだめ、苦手なことはだめ、ルールが面倒だとだめ、………なかなか難しいようです。そんな時は、特別ルールを教えて、使います。

ドッジボールは能力主義の典型的な運動と言われます。投げ方・取り方の上手な子は生き生きと活躍し、苦手な子は、すぐに内野でボールに当てられて、ずっと外野でつまらなさそうに立っています。ボールが飛んできても素早い子どもに取られてしまいます。そこで考えたのは、次のようなルールによるドッジボールでした。

①ボールはソフトバレーボール二個を使います（ドッジボールは固いので、けがをしやすいです。ソフトバレーボールは、顔面にあたっても、頭部にあたっても大丈夫です。ボールを二個にするのは、スピードアップのためです。二個になることで、動きがとても速くなります。また、近距離からあてることも可能となります）。

②男子対女子でやります（男女混合チームでやると、男子の活躍がほとんどとなります。女子の投力アップにつながりません。男女別にやると、女子がグーンと伸びます。もちろん男子もやるたびに、投げる能力、ボールを取る力が伸びていきます）。私は女子チームに入り、ドッジボールの

得意な子どもを狙いました。大学生の時、ハンドボールをやっていたのでドッジボールが大好きです。自分も楽しめないいかと思い、男女別にしてみました。

③ボールを持ったら三秒以内に投げます。三秒を超えると、相手ボールになります。これは男子の中に、ボールをずっと持っていたり、背中に隠したりと、時間を無駄に使ってしまう子どもがいるので、三秒以内に投げるというルールを考え出しました。ボールを持つと、みんなで「一、二、三」と声を出し、三を超えると相手ボールになります。スピードアップが図られました。

④「外野固定三人制」を取り入れます。外野に出たら、もう戻れないということが多くあります。それを防ぐために、外野にいる子どもは三人にしました（一学級二〇人から三〇人だったら三人、両チームで六名がちょうど良いかと思います）。

とても楽しくドッジボールができます。ずっと続けると、投げる力が急激に伸びます。二年前には國學院大学の先生方、学生さん相手にドッジボールをしました。子どもたちがかなり速いボールを投げるので、男子学生も次第に本気モードになり、とても盛り上がりました。参観日や親子行事でも、保護者と試合をやりました。お母さんたちは、はじめだけ

「きゃー、怖い」

などと言っていましたが、次第に本気モードに。汗が流れるほど、熱中して楽しみました。とても楽しいドッジボールです。

さらに、ソフトボールも楽しくできるように工夫しました。こんなルールにしました。

①ピッチャーは、先生がやって超スローボールで、ストライクしか投げない。
②男子は三振、女子は五振（ある時は当たるまで振って良いというルールの時もありました）。
③「エラー」という言葉はない。失敗しても気にしない。
④バットはプラスチック製、ボールはゴム製なので、間違ってバットを投げてもけがをしないし、ボールも同様。

ソフトボールの苦手な子どもも、楽しそうに試合をやっていました。

サッカーの時は、得点を工夫しました。スポーツ少年団の子どもがシュートを決めると二点、普通の子どもが決めると三点。女子が決めると五点。しかも、ゴールキーパーをおかないこととしました。たくさん点数が入るし、とても盛り上がりました。

遊びもどうすれば、全員楽しめるか考えて、工夫していくと良いのではと思います。

集団遊びなどは、朝の会で行うことで、楽しい雰囲気ができます。家庭ではいろいろと大変なことがあって、ようやく登校した子どもでも、友だちと一緒に楽しめば少しは元気になるかもしれません。

③文化的なことに取り組む

グループごとに、新聞をつくったり、ポスターを書いたり、歌を歌ったり、合奏をしたり、群読を楽しんだりすることも素晴らしいイベントだと思います。教科と関連させて、取り組んでみるのも良いと思います。

群読をやってみようと言うことになり、おもしろい題材でやってみました。こんな題材です。夏休みが終わろうとしているのに、宿題が進んでいない直樹君の詩をもとに考えました。「やりたくない」と言いながら「ぼくも頑張るぞ」で終わる、ちょっといい加減な詩ですが、子どもたちはあっという間に暗記してしまい、楽しんでいました。

やっちゃぐねえ（やりたくない）

古関勝則作・編

ソロ　夏休みも終わりなのに
　　　宿題やってない
アンサンブル　あーあ
コーラス　あーあ
ソロ　やっちゃぐねえ（やりたくない）
アンサンブル　やっちゃぐねえ（やりたくない）
コーラス　なんにも　やっちゃぐねえ（なにも　やりたくない）
全員　なんにも　やっちゃぐねえ（なにも　やりたくない）
ソロ　でも　このままではだめだ
アンサンブル　そうだ　このままではだめだ
コーラス　ぼくは　がんばるぞ

全員　　ぼくは　がんばるぞ

※「教室で楽しむ群読12ヶ月　高学年編」（日本群読教育の会編・脚色　二〇一三年　高文研発行）四三頁

この作品は、子どもの心をつかむと同時に、楽しい気分になるようです。大きな声で、「やっちゃぐねえ」とやるので、他の教室からは笑い声が聞こえてきました。みんなで声をそろえて読む。とてもよい気分になります。

いろいろなイベントは、子どもたちをつなぎ、心を豊かにしてくれます。友だちと一緒にやることで、友だちの優しさや良さに触れることも多くあります。なんといっても、話しやすくなることは、友だちを増やし、親交を深める上で、とても大きいことだと思います。

第三章

排便のできない
正美君との一年間

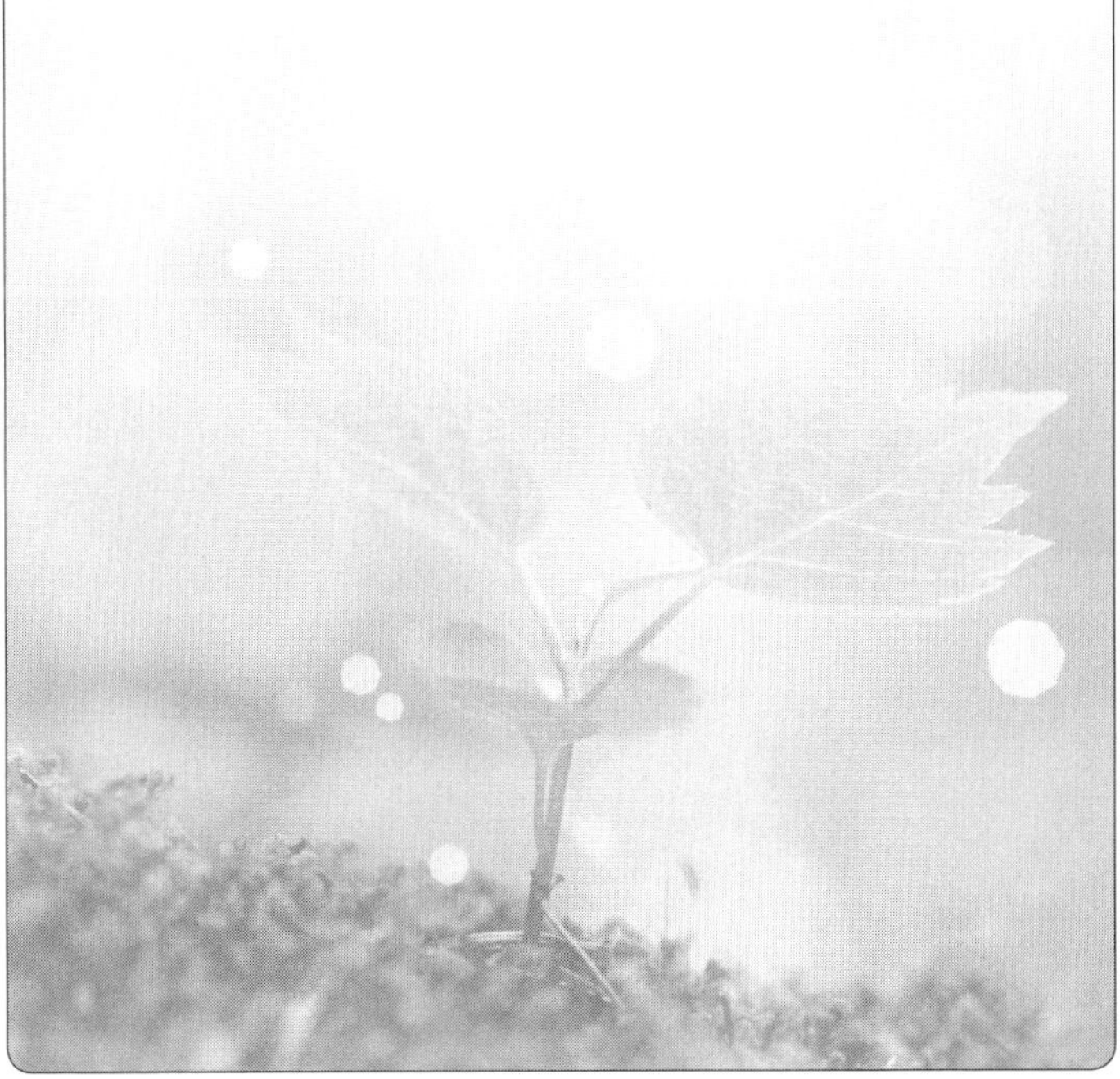

（1）サングラスをかけたお父さんと入学式に

教員になって初めての一年生担任。一五人の一年生でした。ワクワクして学級通信を三枚も準備して子どもたちを待ちました。三月まで六年生を担任していましたので、そのギャップでしばらくは疲れ果てると先輩の先生に聞かされていました。でも、それ以上に楽しみでした。

入学式では、くす玉をつくっておき、その中に「みんななかよし一ねんせい」と書いた垂れ幕が落ちるように仕掛けておきました。

可愛い一年生と保護者がどんどん教室に入ってきました。男の先生であることに驚いているようでした。その中に、驚かされた子どもがいました。正美君です。とても不安そうで教室内を歩き回って、なかなか席に着こうとしません。お父さんはサングラスをかけたまま、正美君を抑え、椅子に座らせようとしていました。これは、訳ありとすぐに分かりました。

あいさつを終え、一年生全員でひもを引っ張り、くす玉を割り、落ちてきた垂れ幕をみんなで読みました。なかなか、見事でした（自画自賛では困りますが）。

そして入学式も終え、一年生と保護者が帰っていきました。早速正美君のことを調べました。普通は、教育委員会から入学通知書などが届けられてそれを持参してくるのですが、正美君は何も持ってこない状況でした。急に入学することになったことだけしか分かりませんでした。ただ、この学校は四年目でしたので、地域の方や知り合いの保護者にお聞きして少しだけ事情が分かりました。両親とも不在で、祖父母が育てていること、かなり経済的に厳しいこと、最近祖父母と暮らすようになったということでした。

二日目です。楽しい一日が終わると、正美君が大声で泣いています。

「家に帰れないよ」

と言う理由でした。一人では帰ることが出来ないというので、車で送っていきました。おじいちゃんにお会いし、学校での様子を話しました。おじいちゃんは、とても人の良さそうな方でした。

三日目のことです。子どもたちが

「うんち、落ちてる」

と言ってちりとりにあげて持ってきました。すぐに、正美君と分かり、保健室で養護教諭に見て頂きました。その日、家庭訪問をしました。おじいちゃんとおばあちゃんが事情を教えてくれました。四月には八回ほど家庭訪問をして事情を聞き出し、また方針のようなことも一緒に話し合い、考えました。

（2）悲惨な生育歴　大人の責任

正美君は埼玉県に生まれました。お父さんは木工の職人でした。お母さんは看護師でした。まだ二人とも二〇歳になっていなかったため、正美君が生まれてからも遊びたくて仕方がなく、正美君が生まれてから正美君をベビーホテルに預けて遊んでいたそうです。また給料も安かったので、サラ金から金を借りて遊んでいたそうです。

一歳になっても歩くことができず、おじいちゃんとおばあちゃんが心配になり、病院に行くことを命令し、連れて行ったところ、ひどく発達が遅れていると言われたそうです。そこでお父さんとお母さんが反省して、かわいがれば正美君も幸せだったのでしょうが、不幸にも、両親は遊びに熱中し、正美君は二四時間営業のベビーホテルに預けられっぱなしとなりました。

また、食事もいい加減でお母さんはカップラーメンを食べさせたといいます。ベビーホテルは低料金なので、ほとんどかかわってくれることはなく、決まった時間に食事がでるだけだったといいます。三歳の時に、サラ金の取り立てにおびえ、地元に帰ってきたそうですが、この時点で母親は蒸発。父親は実家に入ったものの、サラ金の取り立てが厳しく、また駅前にアパートを借りて二人の生活が始まりました。しかし、生活そのものを変えることは難しく、正美君は再度駅

前のベビーホテルに預けられてしまいました。時々おじいちゃんとおばあちゃんがベビーホテルを訪ねると、正美君は

「じいちゃん、ばあちゃんと帰る」

と言って泣き叫んだそうです。しかし、息子の借金を肩代わりしたため、必死に働かざるを得ず、泣きながらベビーホテルを後にしたそうです。

五歳の秋、どうにもかわいそうで、おじいちゃんとおばあちゃんが正美君を引き取りました。生まれて初めて、人間の愛情に触れることができました。しかし、その時は、すでに体がとても小さい、排便ができない、極端な偏食、歩く時に左右に身体が大きく揺れる、すぐに泣き叫ぶなど、異常がたくさん見られたのでした。

四月中、正美君の生育歴を聞いて、本当に胸が痛みました。おじいちゃんとおばあちゃんにこう言いました。

「正美君の責任ではなく、大人の責任です。六年間かかってこうなっているのですから、六年間かかって普通に生活できるように育てていきましょう。焦らないで、ゆっくりやっていきましょう」

すると、おじいちゃんとおばあちゃんは

「先生には申し訳ありませんが、どうかよろしくお願いいたします」

と深々と両手をついて頭を下げられました。

毎日、ビニール袋と替えの下着を持ってくることをお願いしました。さらに、テレビ漬け、ゲーム漬けの毎日にならないようにお願いしました。学校でも一緒に遊べる子どもを見つけることを約束しました。

とにかくたくさんかわいがることが大切ではないかと思いました。

（3）一年生全員とスキンシップ

一年生はスキンシップがとても大切と思っていました。愛情表現の一つとして、以前は頭をなでたり、だきしめたり、くすぐったりといったことが頻繁に見られたように思いますが、最近は少子化にもかかわらず、そうした姿が見られなくなっているような気がします。一年生にはスキンシップを豊かに行っていこうと思いました。特に正美君にとっては、重要なことと感じていました。なぜなら、六年間生きてきて、スキンシップをやってもらえるような場がなかったのではないかと思ったからです。でも、正美君だけにやっては他の子から「ひいき」ととらえられるのではと思い、全員にやってあげようとしました。朝の会と帰りの会の二回、一人一人の希望を聞いてやってあげました。こんなものがありました。

○わっしょいわっしょい………身体を横にしてかかえるようにして上に上げます。「わっしょい、わっしょい」と声をかけてやります。

○逆さま地獄………両足をつかんで左右にふってあげます。

○くすぐり地獄………床に寝かせて、全身をくすぐってあげます。

この三つのどれを希望するか聞いて、すぐにやってあげます。子どもたちは大喜びでした。正美君は、くすぐり地獄が多かったのですが、とても楽しそうでした。

同時にいろいろな遊びをやりました。集団遊びをはじめとして、かくれんぼ、缶蹴り、陣取り、………毎日毎日遊びました。正美君はとても楽しそうでしたが、些細なことでけんかになりました。正美君は、相手をにらみつけ

「ぶっ飛ばしてやる」

と威勢の良いことを言いますが、簡単に

「正美君が悪いんだよ」

ときつく言われると、すぐに泣き出しました。身体も小さいし、できないことばかりなので無

理もありませんでした。

入学式直後は、ずっと私の後をついてきました。やはり不安が大きかったようです。でも五月になると、とても面倒見の良い千恵ちゃんと一緒にいることが多くなりました。千恵ちゃんには、二歳になる弟がいるので、その弟と正美君が重なって見えたのかもしれません。とても面倒見が良くて助かりました。

一回目の保護者会で、全戸家庭訪問の実施とけん玉、ビー玉、メンコを購入する許可を頂きました。一年生は四校時が多いので、ゆっくりと全ての一年生の家を回って、お互いに遊びに行ったり、来てもらったりするようなことができればいいなあと考えたのでした。一年生でないとできないことでもありました。校長先生の許可もいただき、五月から家庭訪問を始めました。地域を歩きながら、のんびりと話をして楽しい時間を過ごしました。お父さん、お母さんは仕事でいないので、おじいちゃん・おばあちゃんが対応してくれました。おいでにならない時は、家の確認だけにしました。おじいちゃん、おばあちゃんたちは
「どこの孫だい？」

と声をかけてくださり、お菓子をくださったりしました。全ての家の場所が分かりました。正美君は、修君と美佳ちゃんが近所であることが分かりました。修君と美佳ちゃんの保護者の方には、放課後など遊べるようだったらぜひ、とお願いしました。よく正美君の家の裏山で遊ぶ姿が

見られるようになっていきました。正美君の発達を考えた時、とても有効であったと思います。

学校の裏山にある木にロープを結び、土手を上ったり、ロープを伝っておりたりする「山猿教室」もやりました。長い休み時間になると裏山に行き、みんなで楽しみました。これもまた楽しい時間でした。正美君は高いところを怖がるので、私と遠回りをして土手の上に行くようにしました。

(4) 楽しいイベントを

五月には「おいしいおにぎりをつくって、みんなで楽しく食べよう！」をやりました。班ごとにできたてのおにぎりをつくって食べようというイベントです。お母さんやおばあちゃんたちに、どんなおにぎりがあるか、聞いてきました。でも、一年生は作り始めるとそんなことはお構いなしに、わーわー言いながら握っていきました。形もひどいもので、めちゃくちゃという感じでした。しかし、一年生らしい独特の世界を見ることができました。正美君の班の美佳ちゃんや修君が
「先生、おもしろいからきて」
と言うのです。行ってみると、正美君を指さしていました。
「先生、正美君は手についたご飯を食べていくから、団子になっちゃうんだよ」

「おもしろいんだよ」

「正美君っておもしろいことやるね」

大人だったら何をやっているんだろうとあきれるばかりでしょうが、一年生は独特のやさしい世界があると感じました。笑顔で正美君を包んでくれました。正美君は
「失敗でごじゃった」

と笑っていました。結局、一個もまともなおにぎりが出来ず、私から一個、千恵ちゃんから一個もらい、景色の良い学校の裏山に行きました。

みんなで
「いただきます」

と言って楽しく食べました。みんな、本当においしそうでした。正美君は、カップラーメンで育てられましたので、偏食がひどく、給食もご飯を一口、味噌汁も一口、後は食べません。だから身体がとても小さいのでした。でも、カップラーメンだと全部食べてしまうのです。でもこのときは違いました。なんと大きなおにぎりを二個平らげてしまいました。びっくりしました。そしていつもと違って、にこにこしていたのです。私は、こう考えました。

「おそらく、正美君の人生にとって楽しい食事場面がなかったのかもしれない。これからはできるだけ、楽しく食べる場をつくると変わるかもしれない」

このイベントは、終了後、床に落ちているご飯粒を必死に拾い、雑巾で拭く大変な作業となってしまいましたが、大きな成果を得られたことも間違いのないことでした。

このあと、正美君と一緒に食堂やレストランに行ったり、一緒に弁当を食べたりして、おいしく食べることを繰り返しました。家庭訪問を繰り返す中で、昼食や夕食の時におじゃますることもありましたが、薄暗い部屋の中で、漬け物をおかずに食べていることが多く、大変さを感じました。だから私も楽しむことを願って、おいしいものを食べに行くことにしました。すると正美君はしみじみと

「先生はいいなあ。やさしいから」

とにこにこして言います。私も

「正美君、おりこうになってきて偉いね。おじいちゃんとおばあちゃんの言うことを聞いて、もっとおりこうになるんだよ」

と話しました。こんな時の正美君の表情は子どもらしい本当に可愛いものでした。

（5）けんかを始める

五月になると、すっかり学校に慣れ、けんかが増えました。前述したとおり、相手に一喝されると大声で泣き出してしまいますが、少しずつたくましさを感じるようになりました。でも、やっぱり身体が小さいので、勝てません。しばらく泣きそうな表情で我慢していますが、少したつと、

「あーん」

と言って泣き出します。でも、ちょっとだけたくましさを感じるようになったのです。

六月になると水泳の授業が始まります。正美君は

「ぼくは、プールに入らないから」

といろいろな人に言って回りました。つまり、水泳はできないので、プールには入らないと自分でアピールしていたのでした。これは面倒かなと思っていました。

ところが、だっこしてあげると大喜び。すんなりとプールに入りました。びっくりしました。けんかを始めたように心身ともにたくましくなり、「やればできるかも」という気持ちが出てきたようなのです。しばらくすると、ビート板を使ってバタ足ができるようになってきました。結局、顔をつけることはできませんでしたが、ビート板を使って一〇メートルぐらい泳げるように

なりました。大きな成長でした。

少しでも頑張りを見せた時は、家庭訪問を繰り返しました。必死に働かざるを得ないおじいちゃん、おばあちゃんにとって、正美君の頑張りを知らせることはちょっとだけ元気になることにつながるかもしれないと考えました。

排便の方はというと、相変わらず教室で漏らしていました。においがすると、トイレに連れて行って履き替えさせました。一人で履き替えることができましたので、そんなに大変ではありませんでした。大阪で行われた学習会でこの実践を報告したところ、女性の方から毎日大便の処理、下着交換をしたのかという質問を受け、

「私はとてもそんなことはできない」

と言われたことがありましたが、そこまで大変ではありませんでした。

養護教諭と繰り返し話し合い、一年生としてのふれあいはとても充実しているので、教職員の間でもスキンシップなどができないかということになり、五月の職員会議で正美君への接し方の方針を提案することにしました。報告・お願いしたことは次のようなことでした。

一　事例報告　正美君の生育歴

二　実態

・身体が小さく、バランス感覚がおかしい。
・トイレで排便ができず、漏らしてしまう。自覚できない。
・一年生全体でスキンシップを重視。毎日、朝の会と帰りの会で行う。
・偏食のため、給食はご飯と味噌汁を一口程度。カップラーメンは一個完食する。
・目隠しをすると泣く（運動会の練習で分かりました）。
・学力は低く、筆圧も弱いので字がなかなか書けない。音読も難しい。でも、やろうとする気持ちはあるので、励ましながら指導してきた。
・子どもたちと遊ぶことは大好きで、とてもたくましくなってきた。遊びもたくさん取り組むことができた。
・両親は全く関わらない。母親は離婚して行方が分からない。父親は一人で暮らしている。したがって、祖父母が子育てをしている。祖父母はとても良い方で協力的。お願いすると、すぐにやってくれる。これからも祖父母との関係を重視していく。

三　学校としての方針

・とにかくかわいがる。頭をなでる、だっこする、抱きしめるなど。
・たくさん声をかける。
・正美君自身と祖父母に見通しを持ってもらう。できることをお願いし、できたら良くなったということを明確にする。特に食事と戸外での遊びの重視。

先生方に全面的に賛成して頂き、学校をあげての実践開始となりました。若い女性が多かったため、だっこしたり、抱きしめるなどの深いスキンシップはなかなか困難でしたが、教頭先生、用務員のおばさん、給食調理員のおばさんなどは、正美君を見るたびに頭をなでながら、

「めんごいなあ（かわいいなあ）」

と言ってくれました。これは正美君にとって安心できる他者として、とても大きな存在になったと思いました。笑顔が増えてきたのがその証拠ではないかと思います。

教頭先生は、自分の椅子に座らせ、くるくる回して正美君を喜ばせました（もちろんこの時は、子どもがいないかどうか周りを確認してから行いました）。

一人の子どもを大切に育てる学校になってきたのだと思います。詳しくは拙著『子どもが主人

公となる学校を』(明治図書　一九九二年）を参考になさって下さい。

(6) 一学期終了　大きな成果を喜び合う

一学期が終わりました。予想以上に大きな成果が得られました。早速家庭訪問をして、おじいちゃん、おばあちゃんと成果を確認し、喜び合いました。こんな成果が確認できました。

○授業中、しっかり学習するようになり、字を書くことができるようになってきた。
○算数の計算もだんだんできるようになってきたので、自分から進んで練習するようになった。
○身体がたくましくなってきた。それに伴って、走ること、土手を登ること、水泳などできるようになったことが多い。
○食べる量が増えてきた。とても良いこと。
○外で友だちと遊ぶことが多く、とても楽しそうに生活できた。
○友だちと一緒にできることが多くなってきた。

○おじいちゃん、おばあちゃんのおかげで、人を信頼して頑張ろうとする気持ちが育ってきた。

「こんなにいっぱいありましたね」

と言って喜び合いました。とても充実した時間でした。

最後に無理なお願いであることは分かっていても、こう話しました。

「無理かとは思うのですが、トイレで排便ができないということは、身体の問題もあるかもしれません。それで、専門医に診て頂くことはできないでしょうか？」

すると、おじいちゃんが
「分かりました。時間を見て行ってみます」

と言って下さいました。とてもうれしかったことを今でも覚えています。

実際、おじいちゃんは、肛門科の医院、福島医科大学附属病院、総合病院と三つも回って診察・検査を受けました。肛門科では異常なし、大学病院では身体の異常はなし、総合病院では一週間入院しての精密検査まで受けてくれました。すると「異常はないが、発達が遅れているので、たくさんかわいがること」という診断を受けたとのことでした。今まで実践してきたことが正しかったことも確認され、とても安心し、うれしくなりました。

（7）秘密の基地づくり

一年生に、一年前六年生が秘密の基地を作ったという話を何回か聞かせました。すると九月から「秘密の基地づくり」が始まりました。正美君の家の裏山に作ることになりました。学校から近くでしたので、帰り道に寄って作ることになりました。もちろん、保護者の許可を頂きました。帰りの会では

「今日も秘密の基地を作ります。来てくれる人？」

「はーい」

手を挙げた子どもたちは、保護者の許可を得ているので、参加します。都合の悪い子どもはそのまま帰ります。

毎日のように正美君のおじいちゃんも顔を出して見てくれました。私も時々寄っていきました。ちょうど山の頂上あたりの木を使って小屋を作ろうとしていました。一年生なので、とても作れません。でも、一年生たちは必死です。だんだん木を使うのは難しいと考えて、段ボールを集め始めました。その段ボールを木と木の間に立てかけ、その中に一年生が座って

「やったあ。完成したぞー」

と喜んでいました。でも風が吹くと、段ボールがぱたんと倒れ、中が見えてしまいます。

「もう一度作り直しだ」

また立てかけます。でも、すぐに倒れてしまいました。こうしてしばらく同じことを繰り返しているうちに、この計画はなくなっていきました。

しかし、最後にすごいことになるのです。

一二月のことです。久しぶりに秘密の基地づくりが再開しました。雪を使って小屋にしようと考えたようです。なるほど、雪ならばできるかもしれません。その時は一一人参加していました。途中まで作って、

「今日は終わりにしよう」

と言って土手を降り始めました。その時です。由香ちゃんが、滑り落ちてしまいました。雪でぬかるんでいたため、ズボンやジャンバーがどろどろになってしまいました。さあ、大変です。

一年生は緊急の会議を開きました。そこで、由香ちゃんのぬれたジャンバーやズボンを脱がせ、他の子どものジャンバーなどを着せて、一〇人の子どもが由香ちゃんを囲んで歩いていこうということになったそうです。そして、由香ちゃんの家族に事情を話して許してもらおうということになったとのこと。先生には心配するから言わないでおこうということにしたそうです。

一〇人が由香ちゃんを囲んで歩く姿は不自然そのものでした。途中で保護者会学年委員長の誠

さんに会ったそうです。早速事情を話し、

「古関先生が心配すると困るから黙っていてね」

と言ったそうです。誠さんはとても感心してすぐ学校に電話をよこしてくれました。

「いやあ、いい一年生ですね。感動しましたよ」

と言って事情を話してくれました。私も笑いながらも、本当に良い子どもたちだなと思いました。

誠さんは、とても協力的に活動してくれました。最後は一年生の夢を実現してくれたのです。

（8）とうとう・・・・

二学期になると、いつ大便を漏らしたか分かるようになりました。

「二時間目が終わった時」

「三時間目の途中」

これも大きな前進でした。

「偉いね。いつでたかわかるようになったんだ」

日常的に遊びに参加するようになりました。二学期になってよくやったのは、花壇の柵を歩くことでした。ちょうど平均台のように、バランスを取りながら一年生がぞろぞろと歩きました。時には、花壇の方に落ちてしまい、花が大好きな教頭先生が

「あー」

と悲鳴を上げることもありましたが、職員会議で決めたこともあり、我慢してくれました。一年生は楽しそうに毎日花壇の柵を歩き、ジャンケンゲームをして楽しみました。二チームを作り、両側からスタートし、出会ったところでジャンケンをします。負けると、そこでおります。勝つと、そのまま進みます。とても楽しい時間でした。正美君はぎこちないのですが、友だちと楽しそうに遊んでいました。

一〇月になると、漏らさない日が多くなってきました。五日連続で漏らさない日が続き、家庭訪問をしました。

畑から手ぬぐいをほおかぶりしたおばあちゃんが走ってきました。どうもいつもと違うのです。おばあちゃんは深々と頭を下げました。

「おかげさまで、トイレで用が足せるようになりました」

「えー、良かったですね。でも、どうして連絡を頂けなかったんですか？」

と聞くと

「またできなくなったらどうしようと思うと、なかなか言い出せなかったんです」

「そうですか。でも、今日で、五日連続で漏らしていません。大丈夫でしょう」

「はい、ちゃんと、朝、トイレで用を足していきますので」

「本当に良かったですね。おばあちゃんとおじいちゃんの頑張りのおかげですよ」

「ありがとうございました」

うれしさでいっぱいになりながら、自動車を運転し、我が家に向かいました。もちろん祝杯をあげ、喜びに浸りました。

その後は、一度も漏らすことなく、生活できるようになりました。

(9) 一年生の夢、現実に！

九月から始まった秘密の基地づくり。子どもたちはどうしてもやりたいのですが、うまくいきません。そこで、学年委員長の誠さんに相談したところ、協力しようということになりました。私の転任が決まっていたこともあって、学校のすぐ近くに建てることにしました。大工をやっている誠さんなので、自分で作ればあっという間にできるのでしょうが、一年生でもできることがあればやらせたいと考えてくれました。金槌で釘を打ったり、材木を運んだり、一年生も一生懸命働きました。日ごとに建物らしくなり、子どもたちは大喜びでした。毎日毎日が楽しくて仕方がないといった感じでした。

そして三月上旬、とうとう完成しました。春になり、暖かい日が続き、子どもたちは秘密の基地に集まって、楽しみました。子どもたちは「ちびっ子遊び小屋」と名付けました。一五人全員が入れるほどの小屋です。窓もつけてもらいました。毎日毎日勉強をしたり、遊んだりしました。

ところが、時には二年生のいたずらっ子が

「ぼろ小屋」

と馬鹿にするので、けんかになりました。いろいろなことがありましたが、楽しさは最高でした。子どもたちは、おもしろい係を決めました。学級でやっているように、話し合って係を決めていきました。

○**隊長**………二年生に悪口を言われたら言い返す役目。ヘルメットをかぶり、木の棒を持って、小屋の前に立って見張っています。

○**勉強係**………遊んでばかりでは、おうちの人に怒られるので、みんなで勉強するように指示を出します。

○**ヘビ・ハチ部隊**………ヘビやハチがきた時にやっつける。キンチョールを手にし、棒を持っています（と言っても三月にはヘビもハチもでないのですが）。

○お菓子係………職員室に行って、教頭先生からお菓子を頂く役目。まじめでおとなしい女の子が選ばれました。そういう子だと、教頭先生もあげざるを得なかったと言います。

○遊び係………小屋の周りで何をして遊ぶかを提案してくれます。

こうして毎日のように子どもたちは、小屋に集まって遊び、勉強をし、おしゃべりをしました。夢が実現したのです。正美君も本当に楽しそうでした。

三月三一日、離任式。一年生と涙の別れをしました。楽しい一年間でした。

第四章

保護者と共に
つながる

（1）保護者は敵ではない

最近保護者とのトラブルが多くなったという話をたくさん聞くようになりました。確かに少子化の影響や人間関係の希薄さから、我が子しか見えない保護者が多くなっているのかもしれません。

運動会での我が子をＶＴＲ等で撮影し、判定がおかしいのではないかと訴えに来る保護者は多くなっています。また、学習発表会の劇でなぜ我が子が主役にならないのか、役を決めるオーディションをしっかりやったのかなどの問い合わせがあり、対応に困ることも多くあります。

指導をめぐってのトラブルも多くあります。子どものけんかといっても、その日のうちに事実関係を確かめておかないと、こじれてしまって大変なことになります。小学生だったら、翌日になるとかなり自分の言動も含めて記憶から薄れてしまうので、急がなければなりません。子どもは子どもで、親に怒られるのは嫌ですから、事実と異なる話をすることもあります。そこでまたもめることもあります。

保護者からすると我が子はかわいいですから、どうしても我が子の言うことを聞いて信じ込みます。ですから、先生はすぐに事実関係を確かめなければなりません。大変ですが、丁寧にやらないと混乱するばかりです。

保護者にはそのことをしっかり話しておきます。そして、もしトラブルがあったら、即連絡を下さいとお願いします。すぐに子どもの話を聞き、事実関係を確かめることも話します。

こんなことがありました。学校帰り、下校の途中、B君に石をぶつけられて目の下のところが傷ついたというA君のお母さんからの電話が、朝、ありました。「これは大変」と思い、二人を呼んで話を聞きました。するとA君がB君をからかったのがはじまりでした。そこでB君が頭に来て石を二回軽く投げましたが、あたりませんでした。今度はA君が怒って足を軽く蹴ったそうです。B君は再度頭に来て、石を軽く投げたところ、目の下の近くにあたってしまったと言うことでした。B君は二回謝って別れたそうです。すぐにA君のお母さんに電話をして事実を話しました。きっかけはA君のからかった言葉だったこと。でも、石を投げるのは絶対にだめであることを指導し、B君が泣いて再度A君にお詫びしたことを話しました。さらに、身体に傷を負わせたので、B君の保護者に連絡をして、お詫びの電話を入れて頂くことを約束しました。A君のお母さんは納得し

「うちの子がはじめにからかったのが悪いんですね。やりそうなので、気をつけていたんですが。もし、また何かありましたらお知らせ下さい。B君とは仲良しなので、これからもうまくつきあってくれると思います。すぐに対応していただき、ありがとうございました」

と話してくれました。夕方B君のお母さんに事実を話し、A君の保護者にお詫びの電話をしていただくようにお願いしました。こちらも納得して、電話をしてくれました。もちろん傷も小さかったので、大事になりませんでしたが、注意していかなければなりません。

すぐ対応することはとても大切ですね。というように保護者への対応は大変ですが、だからといって保護者を敵と見ては、「子どもにやさしい学校」にはなりません。保護者は子どもをよりよく育てる大切な仲間です。

（2）保護者の置かれている状況

私たち教職員も年中忙しく、ヘトヘトになっている方がたくさんいます。とても定年まで持たないという方もいます。もっと教員の人数を多くして、子どもとゆっくり接することのできる学校にして欲しいものです。少なくとも、もっとも大切な「授業」のための教材研究の時間は確保して欲しいものです。同時に、子どもの話を丁寧に聞くような時間もほしいものです。欲を言えば、いや当然のことですが、教養を高めるような時間と費用の保障も欲しいものです。ゆったりと音楽を聴いたり、絵画を見たり、旅行でいろいろな人とふれあったり、……そんな中から、素敵な教材が見つかることも多くあるのでしょうが、現状はそれどころではありません。目の前の仕事に追われ、ヘトヘトになって家に帰り、家でも仕事という状況です。何とかしなければなりません。

保護者はというと、同じようにかなり厳しい状況であることを聞きます。子どもと同じように保護者ともたくさん話をするようにしています。少し子どもが頑張ったら、

「和夫君、頑張っていますよ。この頃、家庭学習をしっかりとやるようになってきました。だから、漢字や計算など、繰り返しの学習をすることで、かなりできるようになってきましたよ。きっと、ご家庭で勉強しやすい環境を整えて下さっているからだと思います。是非ほめてあげて下さいね」

「優理子さん、進んで仕事をやってくれるので、素晴らしいですよ。今日は、清掃用具の移動をやってくれました。困っている友だちと見ると、すぐ手を貸してくれるやさしさもあります。素晴らしいお子さんですね。是非ほめてあげて下さいね」

と日常的に電話をして保護者を励まします。

なぜこんなことをするかというと、子どもをよりよく育てるためです。保護者は、我が子の欠点はよく分かっています。しかし、良さはなかなか気付かないものです。また学校も良いことをどんどん伝えているかというと、そうでもありません。保護者に子どもの頑張りを伝えることで、

子どもをほめ、認め、励ましてもらうのです。同時に、保護者自身、元気になってもらうのです。我が子の頑張りを教えられて怒る保護者はいません。仕事で疲れ果てて家に帰ってきて、学校から「ほめて下さいね」という電話はかなりうれしいもののようです。

未来さんのお母さんは、大手の電機メーカーに勤務しています。未来さんは、夜の八時頃に帰ってくるお母さんのために夕食をつくってくれるとてもやさしい子どもです。学校でもやさしい行いが多いので、何度も電話をしてほめました。でも、先日会った時は悲しそうで、途中から涙があふれてきました。話を聞くと、この四月からは女性社員も三交代勤務を命じられるようになり、夕食を一緒に食べることができなくなったというのです。さらに、完全無菌室に入るので、携帯電話も使えないとのことでした。三交代勤務は何とか許してもらえないかと言ったら、

「それならやめて頂いて結構です」

と即言われたそうです。私は

「お母さん、未来ちゃんはしっかりしたお子さんだから大丈夫ですよ。学校での頑張りをたくさん伝えますからね。お母さん、無理をしないようにして下さいね」

と話しました。会社そのものはものすごい収益を得ているのに、働く人には冷たいのです。福島工場を独立採算制にして、必ず黒字にするという方針なのだそうです。

由香里さんのお母さんは、笑顔でいっぱいのコマーシャルで有名な会社に勤めています。しか

し、実態はひどいもので
「ノルマが終わるまで帰らないように」

と言われているそうです。由香里さんが悲しそうに話してくれました。

教え子の同級会に呼ばれた時のことです。二〇歳になった子どもたちの同級会でした。はじめは飯坂温泉で宿泊をしてという予定でしたが、宿泊を伴うとお金が高くなるということで、事務局のメンバーが相談し、福島市の公共施設の和室を借り、そこに飲み物やお菓子を購入して準備。おもしろいのは、七〇〇円以内で好きな弁当を注文してよいと言うことでした。せめて弁当だけは、好きなものにという企画でした。二六人ほど集まり、あたたかい雰囲気の中で同級会が行われました。会費は一，五〇〇円ですみました。一人一人と話をしている時、亜矢子さんが悲しそうにこんなことを教えてくれました。

「先生、本当はアパートを借りて親に迷惑をかけずに生活したいんだけど、給料が少なくてとても部屋を借りることができないんです。一生懸命働いているんだけど、苦しくて。どうしてなんでしょうね」

「あなたのせいじゃないよ。日本の抱えている問題だと思うよ。儲かっている人はごく少数。困っている人はたくさんいると思うんだよね。格差が大きいんだよね。何とかするように、先生も頑張っているから。一緒に頑張っていこう」

亜矢子さんは教え子ですが、仕事をめぐる状況はとても厳しいものがあります。福島市の求人広告を見ると、正社員で一四〜一七万円（工場内組立作業）、一五万八千円から二三万九千円（介護正社員）、一七万円から二五万円（調理業務）、と言った具合です。パートやバイトになると時給七四〇円から一，〇〇〇円ほど。やはり生活は厳しくなるのでしょう。大変な中、一生懸命頑張っている保護者がほとんどと見ていくべきではないでしょうか？

疲れ果てているからこそ、保護者を励まし、子どもにやさしく接することができるようにしていくことが重要なのだと思います。

（3）保護者とつながる

保護者とつながるには、電話かけだけというわけではありません。家庭訪問、授業参観後の学級懇談会、個別懇談（二者面談・三者面談）、学級通信や学年通信……いろいろな方法があります。それらを有効に利用していくと、保護者とつながることができます。それぞれの有効な方法を紹介してみます。

☆家庭訪問（定期的な家庭訪問）

家庭訪問を実施する学校は少なくなってきていると思いますが、実施しているのであれば大切にしたいものです。春先に行う定期的な家庭訪問と欠席が続いたり、問題があった時に行う家庭訪問があります。

まず、学校での様子を伝えます。特に頑張っていること、伸びているところ、素晴らしいところを具体的に伝えます。欠点は前述したように、結構理解しているものです。よいところをできるだけ伝えて、一緒に伸ばしていきましょうと話します。さらに、

「学校で心配なことや不安なことはありませんか？」

と聞き出します。あるという場合は、学校でできること、家庭でできることを確認し、改善していくことを確認します。次に

「学校でこんなことをしてほしい。こんなことに力を入れてほしい、というようなことはありますか？」

と聞きます。最後に

「お子さんにとって楽しく充実した一年間になるように、またしっかりと力がつけられるように全力で頑張りますので、どうかよろしくお願い致します」

と言って終わります。

「～をして下さい」

と要求するのは、できるだけ避けます。まずは、一緒に子どもをよりよく育てるということを重視すべきです。

☆家庭訪問（突発的な家庭訪問）

病気やけがをして二日間続けて欠席したら、家庭訪問をします。顔を見せて、どんな状況かを聞き出し、安心してもらうためなので、短時間で済ませます。丁寧に家庭訪問をすることで、保護者と子どもの安心感が高まっていきます。同時に、トラブル解消につながります。なぜかというと話しやすい関係ができるからです。

☆学級懇談会

学級懇談会は、参加された保護者が「参加してよかった」と思えるようにしなければなりません。そのためには、子どもの事実をしっかりとつかんでおくこと、子育てにかんする学習なども入れて、「なるほど、そうやれば子育てがうまくいくんだ」という気持ちにさせることが大切だと思います（一回目の学級懇談会資料を入れます）。

福島市立○×小学校　第6学年

学級懇談会要項

平成　年4月14日

本日はお忙しい中おいでいただきましてありがとうございます。どうかよろしくお願い致します。

学級懇談会の進め方

1　開会
2　担任挨拶
①自己紹介

②学級経営方針
③その他
3　保護者の皆様から
4　閉会

懇談会資料

1　本校の教育目標から
子どもの思いや願いを生かしながら、これからの時代に必要とされる基礎的・基本的な内容をしっかりと身につけた、心豊かでたくましい子どもを育成する。
○すすんで学ぶ子ども　（知）
○思いやりのある子ども　（徳）
○たくましい子ども　（体）

いよいよ小学校の最高学年になります。上記の教育目標を受けて、6年生として必要な力がしっかりとつくように全力で頑張っていきます。さらに、6年生として△△小学校をリードしていく力をつけさせるようにします。

具体的には下記の通りです。

2　1学期の行事について

3　保護者の皆様と手をつなぎあうために

子どもを学校と家庭、両方でみていくようにしたいと考えています。

子どもが頑張ったり、やさしい行いをしたら、学校と家庭、両方で認め励ましていくことで、子どもの大きな自信となります。

やってはいけないことをしたら、両方で注意していくことで、どんな行動・行為が悪いのか学んでいきます。

子どもは未来に向かって生きていますので、できる限り力を伸ばしてあげたいものです。

そのためには、応援してくれる人が必要です。「共感的他者」と言いますが、自分を応援してくれる人が多ければ多いほど、安心して子どもは頑張ると言われています。子どもが頑張った時は、みんなで「よく頑張ったね」「すごいね」と励ましてあげましょう。学校での頑張りは、出来るだけご家庭にもお知らせし、一緒に認め、励ましていきたいと思います。

やってはいけないことをやった時は、有無を言わせず、やってはいけない理由を明確にして真剣に叱りましょう。

一回目は、担任紹介、担任の方針を述べました。しっかりやりたいところです。さらに、保護者同士の自己紹介も必要です。その時は、名前と同時に自分の子どもの良さを話してもらいます。それをメモしておいて、翌日の朝の会で、子どもたちの前で話してあげるととても喜びます。子どもを理解することにもつながります。我が子の良さを話すことで、明るく楽しい雰囲気になってきます。それが大切だと思います。

二回目以降は、テーマを決めて学習するとよいと思います。「テレビ・ゲームとどうつきあうか」「上手な叱り方とほめ方」「親子の対話　何を話せばいいのか」「小遣いの与え方、使わせ方」「父親の役割、母親の役割」「子どもの身体と心」「家庭学習の仕方」「手伝いの大切さ」「反抗期の子どもの接し方」「読書の好きな子どもに」「好き嫌いのない子どもに（食べ物と成長）」……など、子育てで悩むことはたくさんありますので、事前にテーマを決めておくと参加しやすいかもしれません。

☆個別懇談

基本的には一対一でじっくりと話し合うことのできる貴重な時間ですので、大切にしなければならないと思います。学習面、生活面、交友関係など、しっかりと資料を準備しておくようにします。

はじめに、頑張っていることや伸びたことや素晴らしいことを具体的に話しました。その時に、なぜそのことができるようになったかを話すと、保護者は納得しますし、子どもにもなぜそのことが優れているか伝えることもできます。こんなふうに話しました。

「和夫君は、漢字が苦手と言っていたのですが、二学期になってからどんどん書けるように、読めるようになってきました。なぜかというと、授業中集中して学習していることと、家庭学習での繰り返しの学習が大きいです。いくらやってもできないと四月頃は話していましたが、相談して、朝練習することにしたんですよ。しかも、漢字を練習する時間は一〇分程度と話しました。そうすると漢字ずもうをやるのが八時三〇分過ぎなので、書けるようになってきたんですね。記憶する時間が短いから、覚えやすいんですね。その後はやる気です。得意になってくるとやる気が出てきます。そうすると、また頑張ろうという気持ちになってきます。そして、今はすらすら書けるようになりました。素晴らしいことです」

その後、「困っていること」「不安なこと」「心配なこと」はありませんかと聞きました。できたら学校と家庭でできそうなことを確認しました。

最後にお礼を言って終わります。

「お忙しいところ、おいでいただきありがとうございました。残り三ヶ月ですが、全力で頑張らせて頂きます。どうかよろしくお願い致します」

☆学級通信・学年通信

学級通信、学年通信はとても大きな力を持っています。保護者に読んでもらうだけではなく、子どもたちと一緒に学習できます。また、記録としてずっと残ります。私も教職二年目から毎日のように発行してきました。でも、子どもと話す時間がなくなっては困りますので、日刊でなくても十分だと思います。

学級通信には、予定表や連絡だけでなく、子どもの様子や保護者の声を載せると、とても充実してきます。こんなことを載せると、保護者も子どももよく読んでくれます。

◇子どもたちの頑張り

四月、学級編成替えがあったり、担任が代わったりすると、保護者も子どもも不安でいっぱいです。そんな時は、子どもに作文を書いてもらいます。「五年生になって五日過ぎて」というテーマで書いてもらいます。特に頑張っていることや楽しかったことを書いてもらうようにします。当然、五日間、楽しいことをたくさんやって、授業にも力を入れないとよい文章は書いてもらえませんので、頑張ります。

福島市立○×小学校　第5学年　学年通信

かがやき　20

年4月6日　No．1

1年間よろしくお願いいたします。
すばらしい1年になるように頑張ります。

進級おめでとうございます。今日から、高学年の仲間入りです。子どもたちにとっては1回限りの5年生です。1日1日を大切にして、しっかりと5年生として必要とされる学力・体力をつけ、自立する力を育てたいと思います。どうかよろしくお願いいたします。

担任紹介です。詳しいことは少しずつお知らせしていきます。学年通信は、毎回、学年主任が作成しますので、よろしくお願い致します。

1組担任＝〇〇〇〇　本校3年目です。先月、6年生を卒業させたばかりです。音楽が得意で合唱部の指導も行っています。

2組担任＝〇〇〇〇　昨年、〇年×組を担任。25名の素晴らしい子どもたちと1年間を過ごしました。△△町に住んでいます。△□川小×年目です。

3組担任＝〇〇〇〇　〇〇〇小学校から着任しました。5年生の子どもたちと一緒に、楽しく学習に、運動に頑張っていきたいと思います。

3名で一生懸命頑張ります。よろしくお願いいたします。

学年としての方針です。

1 「分かる」「できる」「楽しい」授業ができるように努力していきます。そしてしっかりとした学力が身につくように努力します。
2 「友だちっていいな」と思えるように、いろいろな活動の中で、子どもの親しい関係をつくっていくようにします。
3 遊びを大切にします。集団遊びをはじめ、学習にも遊び心を取り入れていきます。
4 保護者の皆様と手をつなぎ合い、○×人の子どもたちをよりよく育てられるように努力していきます。保護者の皆様と学校と手をつなぎ合って、よりよい子育てを進めていきたいと思います。

何かありましたらお知らせ下さい。

小学校　○○○-○○○○

福島市立○×小学校　第△学年　学年通信

かがやき　２０１

年４月６日　Ｎｏ．２

学校と家庭、一緒によりよい子育てをしていきましょう。

本日、子どもたちと出会い、１年間しっかり頑張ろうという気持ちを強くしました。どうかよろしくお願いいたします。

学校と家庭、お互いに協力し合うことで、子どもが大きく伸びたということをたくさん経験してきました。お互いに手をつなぎあって、子どもたちを成長させていきましょう。そのために、下記のことを行います。

１　できるだけ学年通信を発行し、子どもたちの様子や頑張りをお伝えします。また子どもの声を掲載したいと思います。さらに保護者の皆様の声も掲載し、子どもと確認しあい、多くの方の応援があることを伝えていきたいと思います。

2　子どもは未熟で当たり前と考えます。少しずつ時間をかけて成長していくようにしたいと思います。そのためには、子どもが出来そうなことを学校と家庭、両方で確認し合い、出来たら認め励ましていきたいと思います。わずかな成長も大切にしていきたいと思います。

3　心配なこと、不安なことなどありましたら、ぜひお知らせ下さい。できるだけ早く対応していきたいと考えています。

ノートを6冊渡しました。△年生への宿題です。

教科名、組名、番号、名前を名前ペンで、ていねいな字で書くようにお願いします。

国語と漢字練習は教科名はいりません。

新しい教科に興味！「おもしろそう」「早くやりたいな」

5年生になり、新しい教科がスタートしました。家庭科、外国語活動の2教科が新しい教科です。楽しく学習できるように努力していきます。外国語活動は、○×が教えてくださいます。（担任も一緒に指導します）楽しいですよ。

家庭学習について

家庭学習はとても難しいことです。学校で6校時授業をやり、スポ少や習い事などあるお子さんも多いと思います。その後、自分で学習となると大変かと思います。しかし、「自分で学習する力＝自学」はとても大切です。特に「家庭学習はやらなければならないもの」という気持ちになって、こつこつと努力する子どもがしっかりとした学力を身に付けた姿も多く見てきました。

そこで、6年生でも一人一人が意欲的に学習するように、いろいろな工夫をしていきたいと思います。

1　毎日、課題を出します。主に、学校で学習したことを定着させるための漢字練習、計算練習が中心になります。プリントを使用することもあります。

2　次第に復習や予習のやり方を教えていきます。復習はしっかりと学習したことを定着させるために、予習は初めて学習することでも、自分で学習できそうだという学習の仕方と気持ちを育てるために行います。

3　家庭学習のいろいろな方法を教えていきます。少しずつ、年間を通して教えていきます。

4　家庭学習ノートを提出してもらい、必ず確認します。毎回ていねいなコメントを書くことは難しいかもしれませんが、必ず見ます。

5　授業と関連させ、家庭学習が授業で役立ったという経験を多くさせるようにします。

家庭では、机に向かっていたら、「よくやっているね」「頑張っているね」と声をかけ、励ましていただければと思います。前述したとおり、家庭学習は難しいことですので、「やって当たり前」でなく「やってきたらすごい」という見方をして励ましていきます。どうかよろしくお願いいたします。

福島市立○×小学校　第△学年　学年通信

かがやき　201

年4月26日　No．6

□年生全員で、道徳の授業で「いじめ問題をどうするか」を考えました。そして、「いじめは絶対に許されないこと」を確認しました。

4月25日（月）の6校時、□年　組に□年生全員が集まり、道徳の学習を行いました。いじめ問題は、いじめている子どもといじめられている子どもだけの問題になりがちですが、大切なことは「みんなで、絶対にいじめをやらない」ことを確認することだと思い、□年生全員で学習しました。

はじめに2組担任の○○が「なぜこの授業をやるのか」を話しました。次に、○○が担任した教え子の作文を使って、学習を進めました。3年生頃からひどいいじめにあい、毎日泣いてばかりいる子どもでした。お母さんが病気がち、おじいちゃんとおばあちゃんに育てられていましたので、なかなか苦しい胸の思いを話せず、じっと我慢し続けていました。

□年生になり、○○が担任になり、今までのことを作文に書いてみようと持ちかけたところ、一生懸命書いてくれました。その文章を読み、学習をしました。
鉄棒が苦手なことを馬鹿にされたり、太っているからと笑われたり、ひどい時には川の土手から突き落とされることもありました。子どもたちはびっくりしたようでした。

でもたった一人、集団登校の班長さん（6年生）だけが、「やめなさいよ」といじめを止めてくれたそうです。さらに、2年生までいた学校に転校し、だんだん楽しくなり、頑張るようになってきたという作文です。

2組の子どもたちが読んでくれました。その後、ワークシートに自分の考えを書いていきました。

最後に、新聞記事を使って学習しました。昨年6月に起きた岩手県の中学2年生が、ひどいいじめにあい、悩み、苦しんで、電車に飛び込み、自殺をしたという事件です。

その中から「いじめ」の原因となる言動を確認しました。殴る・蹴るといった暴力だけでなく、言葉の暴力も入っていました。子どもたちのワークシートからです。

1　いじめの作文を読んでどう思いましたか？
・かわいそうで、すごくひどいと思った。よくこんなことができるなと思った。

・もしいじめを受けている人を見たら、作文に出てきた班長さんのように助けてあげたい。逆に自分がいじめられたら誰かに相談しようと思った。いじめは本当にひどいことだ。
・いじめは本当によくない。人にやさしくしてあげようと思った。友和君は、とっても苦しんでいたのだと思う。
・助けてくれる人がたくさんいたらよかったと思う。友和君はとても可愛そうだと思った。でも転校してやさしい友だちや先生に助けられて、だんだん元気になって頑張るようになったので、とてもよかったと思う。

2　いじめをなくすにはどうすればいいと思いますか?

・人にやさしくすることだと思う。みんなやさしくなったらいじめは絶対に起こらないと思う。
・いじめられている人に声をかけてあげる。逆にいじめている人には注意する。
・みんなで仲良くすればいじめは起こらないと思う。みんなで仲良くしていきたい。
・困っていることがあったら、すぐに家族や友だち、先生に相談して、一人でかかえ込まないようにする。

・いじめられたらどんな気持ちになるか考える。そうすれば、いじめは起こらない。

これからもワークシートを使って学習を深めていきたいと思います。ご家庭でもぜひ話し合ってほしいと思います。

これらは「いじめ」になります。絶対にやめましょうね。

○「やめて」と言ってもやめない
○ちょっかいを出される
○暴力………殴られ、蹴られ、首を絞められ
○言葉の暴力………「うざい」「消えろ」「死ね」「くさい」など
○呼び捨て
○集会の時並ぼうとすると、入れてもらえない
（いずれもいじめで自殺した岩手県の中学2年生が受けたこと）

福島市立　小学校　○年×組　学級通信

なかよし　20

年4月6日　第1号

はじめまして！　よろしくお願い致します。

この度○年×組担任となりました古関勝則です。少しでも保護者の皆様と親しくなり、子どものために、協力し合って子育てをしていきたいと思います。どうかよろしくお願いいたします。自己紹介です。

☆名前　古関勝則（こせきかつのり）

☆住所　〒960－1304　福島市飯野町大久保字二本柳7－3

☆電話番号　024－562－2558

☆家族　父親、妻（福島市立○×小の2・3年担任です。○×小学校で初めての複式学級とのことです）、娘（東京青山でOLをしています）、息子（社会人3年目　ずっと卓球をやっ

ていました。国体にも出ました）

☆教員歴

△△小学校（1200人のマンモス校で、3・4年と担任しました。今も同級会をやっています）→××小学校（2・3年、5・6年、1年と担任しました。地域ぐるみの実践ができました。オリンピックの時に、同級会をやることになっています）→○○小学校（5・6年担任、結婚式ラッシュです）→□□小学校（5・6年、5・6年、最後は開校初の複式学級2・3年を担任しました）→☆☆小学校（6年担任　あとは教務でした）→※※小学校（5・6年　6年　3・4年　あとは教務）→◎◎小学校（5・6年　教務　最後はまた開校初の2・3年複式学級を担任しました）→◯×小学校（5・6年　やさしくて頑張りやで素晴らしい子どもたちでした。授業中も集中し、しっかりと学力をつけました。また、家庭学習も素晴らしいものでした。とても楽しい2年間でした）

☆好きなこと

旅行（いろいろなところに行くのが好きです。島根以外は全部行ったことがあります。でも、福島県は全国の中でも素晴らしいなと感じています）、卓球（息子の影響です）。読書（松本清張や西村京太郎などのサスペンス系が好きです）

☆頑張ること
○年×組の子どもたちは、とてもやさしくて楽しい子どもたちです。しっかりと話を聞くのですごいなあと思っています。（まだ1日目ですが、よく分かります）子どもたちと1年間楽しく過ごしたいと思います。またしっかりと学力を付けられるように努力します。楽しい1年間にしたいと思います。

福島市立　小学校　○年×組　学級通信
なかよし　20
年4月13日　第3号

ミニ作文「○年生になって5日間　感想は？」①
時々全員に作文を書いてもらいます。作文は、行事の後やいつもと違う時などに書いてもらいます。そんな時は書きやすいですし、文章は一生残りますので、とても大切にしています。どんどん文章に残してほしいと思います。
○年×組の子どもたちは、あっという間に文章を書いてくれました。（5分程度でした）
やはり力のある子どもたちです。ぜひほめてあげて下さい。友達との比較は、やめて下さいね。ひとりひとり素晴らしい力を持っていますので。

☆ぼくが×年になって頑張っていることは家庭学習です。○年生では、2学期の終わりになってからやっと始めたけど、今回は1学期から始めたので、30冊いきそうです。

（　　　さん）

☆ぼくは×年生になってから2つの目標ができました。
1つ目は家庭学習です。なぜ家庭学習かというと、○年生の時は毎日1ページしかやってこなかったし、それに毎日漢字ばかりやっていました。5年生になって毎日約5ページやるようになりました。

2つ目は漢字ずもうです。なぜかというと○年生の時は、良い点が取れませんでした。×年生になって90点取れるようになりました。

この1年間を大切にしたいです。


（　　　さん）

☆私が×年生になって頑張っていることは3つあります。
1つ目は、家庭学習です。○年生の時はあまりやらなかったので、5冊目までしかいかなかったけど、30冊いった人がいると知って、私もやる気が出てきました。

2つ目は、授業中のことです。○年生の時よりたくさん手を挙げるようになってきました。

3つ目は休み時間です。休み時間にはボールを2つにしてドッジボールをしていたら、他のクラスの人もまざってくれて楽しくできました。

これからもこれらのことを頑張りたいです。

（　　　　さん）

☆×年生になってから5日がたちました。私が×年生になって頑張っていることは2つあります。
1つ目は家庭学習ノートをたくさんやることです。○年生では10冊までしかいきませんでした。×年生になってからは10冊以上はやりたいです。

2つ目は手をたくさん挙げることです。○年の頃は「?」ということがたくさんあったけど、今では「なるほど」が多くなりました。先生の授業も楽しいし、分かりやすいので、たくさん手を挙げたいです。

（　　　　さん）

☆私が×年生になって頑張っていることは、家庭学習を毎日やっていること、漢字ずもうでよい点数を取っていること、忘れ物をしていないことです。
○年生の時は、家庭学習をやっていなかったり、漢字テストでよい点が取れなかったり、忘れ物が多くあったりしました。×年生になってからは、しっかりとやっているということに自分でもびっくりしました。
これからもこのことを大切にしていきたいです。（　　　さん）

☆ぼくは、×年生になってから自主勉強を頑張っています。なぜならできるだけ早く終わらせたいからです。
楽しいことは集団遊びです。集団遊びとは自分のやったことのない遊びをするからです。

特に頑張りたいことは、家庭学習ノートで、去年の5年生は30冊以上いった人がいるので、ぼくも30冊以上目指して頑張りたいです。（　　　さん）

☆×年生になって5日がたち、このクラスの人にもだんだん慣れてきました。
ぼくが×年生になって頑張っているのは、授業中たくさん手を挙げることです。○年生の頃は、考えがあたっているか不安で、あまり積極的に手を挙げられませんでした。だけ

ど、古関先生から
「間違えても大丈夫だから、発表してみましょう。」

と言われたので、手を挙げて発表したら当たったのでうれしかったです。

これからも友だちと仲良く、休み時間には特別ルールのドッジボールを楽しみたいと思います。

（　　　　　さん）


子どもたちの書いた文章は、授業参観の時に掲示しておきます。入って右側の掲示板です。ぜひご覧下さい。


明日14日（木）は授業参観です。教室後方からお入り下さい。

算数を見て頂きます。新しいところなので、前に学習したところも復習しながら、授業を進めます。子どもたちは一生懸命学習していますので、ぜひご覧になって励まして頂ければと思います。

なお、○年△組の教室の入り口が前にあるため、子どもたちが集中できないことが多くありました。そこで、「視聴覚準備室」からお入り頂き、教室後方から教室に入って頂くことにしました。通路ができましたので、ぜひそちらからお入り下さい。扉は開けっ放しにしておきますので、出入りもしやすいかと思います。どうかよろしくお願いいたします。
学級懇談会も楽しみにしております。ぜひご出席下さるようお願いいたします。

学級が楽しいことや授業が分かりやすいことなどを書いてもらえると、しめたものです。子どもたちに配付した時に、その作文を読みます。そこで

「伸也君の作文、いいねえ。◯年生になってたくさん手を挙げるように頑張っているんだ。確かに、よく頑張っているよね。さすが」

伸也君の文章の中で、いいなあ、すごいなあと思ったところは赤ペンでラインを引いてもらうようにします。すると、学級通信がカラフルになってきます。自分の書いた文章にラインを引かれると、結構うれしいようです。

頑張ったことをみんなの前で紹介し、賞賛するために学級通信を使います。子どもによっては自分の良さの載った学級通信を自分の部屋に貼っておくこともあります。

それから、定期的に頑張っていることや学級の様子を書いてもらい、学級通信に掲載します。特に学期の終わりにまとめとして書いてもらうと、一学期間の頑張りが明確になって、保護者も子どもたちも喜びます。

◇保護者の声

学校から保護者へという一方通行の学級通信だと、保護者が次第に読まなくなってきます。そこで、保護者の声を載せることも大切にしてきました。そのために、学級通信ファイル表紙裏に「保護者から教師へ」「教師から保護者へ」という欄を設けて一週間か二週間に一回自由に保護者に書いてもらいます。保護者にはこのようにお願いしてあります。

保護者から教師へ　教師から保護者へ

一学期もまもなく終わろうとしています。本当に時間の経つのは早いですね。○年生は、保護者の皆さんから、この欄に多く文章を寄せて頂いているので、何度も学年通信で紹介させて頂くことができました。子どもたちはとてもうれしいようです。大きな励みになっているようです。これからもどうかよろしくお願い致します。

子どもが「頑張っているな」「良いことをしているな」ということ（当たり前ですが、こちらのみ学年通信に掲載します）や「ちょっと心配だな」「みんなで考えていかなければ」といったことなどご自由にお書き下さい。書ける時だけで結構です。書いて頂いた時は、必ず担任も一言書きます。また、問題がない場合は、全員学年通信に掲載させて頂きます。お名前は出しません。
保護者みんなで、子どもたちを応援していきましょう。私たちも子どもたちを励ましていきます。

自由に書いて頂くのですが、子どもたちの様子を見て、「頑張っているな」「すごいなあ」「よくやっているなあ」と感じたことを書いてもらうのです。それを全て学級通信・学年通信に掲載するのです。これは子どもたちが大喜びをします。自分たちをほめてくれる文章だからです。こんな文章がありました。

保護者から教師へ

☆毎日、とても学校が楽しいようで、その日にあったことをいろいろと話してくれます。先日は、外国語の授業がとても楽しかったようで、習ってきたことを家族みんなに話してくれました。これからもいろいろと新しいことを習うと思うので、頑張ってもらいたいと思います（〇年生六月）。

☆相変わらず授業が楽しいようで、ありがたいと思います。漢字の練習は、「楽しくてあっという間に時間が過ぎる」とのこと、「こんな短文をつくったんだよ」と見せてもらいましたが、本当に楽しそうです。家庭学習も、ずっと頑張っているので、感心するばかりです。先生に感謝するばかりです（○年生六月）。

☆家族が身体の具合が悪い時、進んで手伝いをしてくれたので、大変助かりました。また、漢字の書き取りや算数のテストもよかったようなので、これからも自主学習など続けてほしいです（○年生六月）。

☆雨の日、娘はお迎えが来るので、持っていた折りたたみの傘をお友だちに貸してあげたそうです。学習面の頑張りだけでなく、お友だちを思いやれるやさしい気持ちが育っていることを知り、うれしくなりました（○年生七月）。

☆母の誕生日に、手紙やプレゼントと一緒に「お手伝い券」（二四回分）をくれた娘。普段から仕事で遅い時など、食器洗いや米研ぎをしてくれる娘に感謝！　と同時に「こんなことまでしてくれるようになったんだ～」と成長を感じた母でした（○年生一〇月）。

☆個別懇談では、我が子の頑張りを詳しくお聞きできて、とてもうれしく思いました。授業参観など、いつも「楽しそうだな」「分かりやすいな」と感じていましたが、その成果がいろいろなところに出ていると感じました。特に、家庭学習の頑張りには驚くばかり。ありがとうございました（○年生一二月）。

こうした文章を子どもたちと朝の会で一緒に読みます。そして、

「皆さんのお父さん、お母さんは、お忙しいのに、こんなにたくさん皆さんへの応援メッセージを書いてくれる素晴らしい方たちですね。うれしいですね」

と言います。時には、よいと思った文章に赤ペンでアンダーラインを引いたり、蛍光ペンでなぞったりします。また、花丸をつけることもあります。そのことで、保護者の皆さんは
「自分の書いた文章に、花丸が着いている」

ということで喜ばれるようです。そのことで、学年通信や学級通信が、ゴミ箱にぽいということが激減します。

さらに、母の日のプレゼントの文章は、しみじみと
「こういうやさしさが、お母さんにとっては最高のおくりものなんですね。どんなにお母さん、喜んだでしょうね。やさしい人っていいですね」

と話します。この文章に載っている子どもは、恥ずかしそうに下をうつむいていましたが、うれしそうな表情でした。子どもの良さをたくさん見付け、認め、励ますことはとても大きい力になると思います。

第五章

子どもにやさしい学校に

（1）子どもの良さを見つけること

こんな詩を書いた子どももいます。裕子さんはなかなか勉強面は厳しいのですが、とてもやさしい子どもでした。困っている友だちがいると、すぐに

「どうしたの？」

と声をかけてくれる子どもでした。それで、学級の子どもたちの前でほめた後、学級通信にも掲載して学級全体に広めようと思いました。

お母さん

菅野　裕子

お母さん、私、頭悪いからごめんね。

いっつもがっかりさせて、ごめんね。

でも、お母さんが「たんぽぽ」（当時の学級通信の名前）を読んで
「あんたはやさしいから、お母さん大好きよ」

と言われた時、うれしくて、うれしくて

ふとんの中で
「よかった、よかった、がんばろう！」
と何回も何回も言ったよ。
先生、私にもいいところがあるんだね。

何とか全ての子どもに自分の良さに気づいて欲しいものです。そのことで、他人を大切にする気持ちも育ってくるのではないかと思います。そして、子どもにやさしい学校、子どもにも大人にもやさしい社会が出来るのではないかと思っています。

（2）究極の子どもの見方　「生きているだけでいいではないですか？」

私がサークルで学習するようになったのは、教職一年目、須賀川市で行われた「いわせ・金曜会」でした。代表は、三木勍（つよし）先生というまるで映画俳優のような先生でした。話し方がとても丁寧で、しかも楽しいものでした。服装もきちんとされていて、
「こんな方が小学校の先生をやっていていいのだろうか」

と思うほどでした。当然女性の先生方の参加が多く、華やかで、歌声がたくさん聞かれました。三木先生は、子どもに限りなくやさしい方でした。毎回三木先生の子どもの接し方をお聞きして、こんなに子どもにやさしいんだと感激したことを今も鮮やかに覚えています。保健室にけがをした子どもがきたそうです。たいしたことはなかったようでしたが、担任の先生は

「何をやっているの。ふざけているからよ」

とはじめから注意・叱責で子どもを責める言葉を発したそうです。きっと落ち着きのない子どもだったのでしょう。でも、三木先生は

「痛かったでしょう？　大丈夫かな？」

と手当をしたそうです。その子はホッとした表情になったと言います。そして、きっと「この先生はやさしいなあ」と思ったことでしょう。

このように子どもには温かい声をかけることで、人間信頼の気持ちを持つようになるということを教えて頂きました。

子どもの話を丁寧に聞くことも教えて頂きました。○年二組の担任として教職一年目を終え、サークルでの学習もあって、結構楽しく子どもたちと接することができました。でも、三九人の中で一人だけどうにも指導が入らない子どもがいました。将喜君でした。暴力的で、言葉遣いもひどく、すぐにけんかをはじめ、学級の和やかな雰囲気をぶちこわしました。よく私がもめたの

は、休み時間に行う遊びでした。将喜君は、勝ちたい一心で、ルールを守らず、批判されると砂を投げて殴りかかっていきます。私は、毎回のように

「将喜、ずるいぞ」

と言っては、とっくみあいを始めるのでした。大人げないなあと反省するばかりです。一年目を終えた時、

「将喜さえいなければ、よい学級なのにな」

と思っていました。そのことをサークルで話しました。三木先生は

「君は、将喜君としっかり話をしたことがあるのかな？　将喜君を理解していないのではないかな？」

と話されました。なるほどと思い、できるだけ将喜君の話を丁寧に聞くようにしました。また、私のアパートに何度も連れてきて、一緒に食事をしました。すると、学校で暴れざるを得ない状況が分かってきました。将喜君の家は、電気屋を営んでいました。ちょうど好景気の時期で、夜遅くまで接客があって、両親とも忙しく、将喜君はほとんど相手にしてもらえなかったようでした。また、なにかあると暴力をふるう父親で、話を聞く前に手が出るというパターンでした。姉も暴力的で将喜君と同じような問題をかかえていました。

初めて、子どもをとらえる時に学校外での様子を理解することの大切さを教えて頂きました。

私が将喜君に優しくすると、将喜君はどんどん変わっていきました。四年生になった一二月、私の手の指は寒さでがさがさになっていました。それに気づいた将喜君は

「これ、すごく効くから使ってみて」

と言って軟膏を渡してくれました。とても効く薬で、すぐに治りました。こんなに小さくて、やさしい子どもに私は何をしていたのだろうと反省しました。

当然、家庭への連絡も密にして、お父さん、お母さんに将喜君の頑張りを伝えました。お父さんは、

「我が子を大切にしてくれる先生は初めてだ」

と言って、一緒に飲むこともありました。

三木先生に、子どもにやさしくすること、子どもをとらえる時には、大きな視点で見ることを教えて頂きました。

福島県に素晴らしい実践家がいます。佐藤博之先生です。中学校の先生を長年勤められ、多くの実践を報告された方です。とても話術に優れ、聞く人を虜にしました。佐藤博之先生の著書を読み、講演を聴いて学習しました。教育実践のおもしろさを教えて頂きました。

でも博之先生には悲しい出来事がありました。それは最愛の娘さんを膠原病で亡くされたことです。娘さんは東京の病院に入院し、博之先生は土曜日ごとに南会津から東京を往復し、看病さ

れました。それだけでも大変ですが、何とか生きて欲しいと願い、博之先生は、漢方薬がよいと聞くと購入し、やるべきことは全てやりきりました。しかし、一年生入学を前に帰らぬ人となりました。講演の中で、何度も涙を流されましたが、どれほど辛く悲しいことであるか、私も心が痛みました。

博之先生は、その後「子どもは生きているだけでありがたい」と思い、教育という仕事に取り組まれました。体罰をしようとする教師を後ろから羽交い締めにしたり、子をなじる親に対して冷静に接し、励ましました。

「子どもは生きているだけで素晴らしい」というとらえ方は、なかなかできませんが、少しでもその気持ちに近づきたいと思います。

第六章

頑張る
福島の子どもたち

（1）避難した子どもをいじめる

福島県の県内外の避難者数は、二〇一二年五月が最多で一六四，八六五人、二〇一七年二月には避難者数が八万人（県内三九，六〇八人　県外三九，八一八人）を切りましたが、まだまだ多くの人が避難しています。同時に福島県の子どもたちは、かつてないほど苦しい状況におかれています。東日本大震災、原発事故により、我が家を奪われ、家族を亡くし、家族がバラバラになってしまった子どもがたくさんいます。今も、苦しんでいる子どももたくさんいます。

にもかかわらず、避難先でいじめにあうという悲惨な出来事が続いています。なんということでしょう。本当に胸が痛むばかりです。

二〇一一年から二〇一五年にかけて、千代田区立の小学校で子ども三人が、いじめを受けていたという報告がなされました（福島民友新聞　二〇一七年二月二八日）。

三人は現在小学生の女児一人と中学生二人。女児は、加害児童に「放射能ばんばん」と繰り返し言われたとのこと。中学生の男子生徒は「菌がうつる」などと言われ、別の一人は同級生から自分の名前に「菌」をつけてからかわれたといいます。大変な思いをしてようやく生活しているのに、「菌」扱いとはひどすぎます。人にやさしい人間を育てていかなければならないと思います。福島で起こったことは、福島県の人たちの責任では全くありません。しかし、「福島」というだけで、排除する動きがあること、本当に悲しく思います。子どもだけでなく、大人の側にもあります。

二〇一五年夏、ミスピーチキャンペーンクルーの一員として横浜市の百貨店で、福島の桃の販売促進イベントに参加した上石美咲さん（福島大学二年）は、大変悲しい思いをしました。一人で買い物に来ていた女性に桃の試食を勧めたそうです。

「おいしいね。どこ産の？」

と聞かれたので、

「福島から参りました」

と答えた途端、女性が桃を吐き出したそうです。その瞬間、上石さんは、ミスピーチの研修で訪れた農家の話が思い浮かびました。福島県内の農家は、原発事故後、果樹園の樹木一本一本の高圧洗浄や放射性物質の吸収を抑制するためのカリウム散布などの対策を重ねてきました。厳しい検査体制が構築された今、国の放射性物質の基準値を上回る農産物が出荷されることはないのです。にもかかわらず、一部に偏見があるのです。それも、福島県の人たちの責任ではないのです。

こうした苦しみや悲しみを一日も早くなくしてほしいものです。子どもたちの学びの中にも、事実をしっかりと見る力と、だまされない学力、どうすれば誰もが幸せに、安心して生活できるかを学んでいくことを取り入れていかなければなりません。

（2）頑張る福島の子どもたち

①中学生の力で、地域を変える！

福島県は今も厳しい状況に置かれています。

しかし、いろいろなところで福島で生きていくためにできることを一生懸命取り組んでいる人たちがいます。それは人と人を結びつけ、大きな動きとなることを確信しています。その一例です。

今、中学生と一緒に頑張っていることがあります。ささやかな取り組みですが、少しずつ人を変え、地域を変え、やがて日本・世界に影響を与えていくのではないかと思っています。

私の勤務する福島市立松川小学校の子どもたちは、隣接する福島市立松陵中学校に進学します。その松陵中は「中学生の力で松川を変える」をスローガンに地域の中でいろいろな活動をする中で松川という地域を活性化させたいとしています（福島市松川町は、福島県の中通り、福島市と二本松市の中間に位置し、江戸時代は有名な宿場町でした。戦後まもなく「松川事件」が起きた場所です。「松川事件」とは一九四九年、日本国有鉄道（国鉄）東北本線で起きた列車往来妨害事件です。この事件で三名が死亡。原因は何者かがカーブ外側のレールを外したからでした。犯人として国鉄と東芝松川工場の二〇人が逮捕されました。しかし一四年かかって全員無罪となった事件です。全くの冤罪事件だったと言われています。現在は、以前から農業を営んでいる地域と、美郷団地という大きな団地でできている地域があります）。

きっかけは生徒会長の呼びかけでした。こんな思いを発信しています。

このプロジェクトが始まるきっかけとなったのは、昨年私が代表で参加してきた「全国生徒会サミット」という集会です。

これは次世代のリーダーを育てるため、全国各地から、中・高・大学生が集まり、地元・日本・世界の未来を本気で考え、自分たちが出来るアクションを考えるというものです。

そして、そこで出された地元の問題として共通していたキーワードが「つながり」でした。隣の住人がどんな人か分からない、町のお祭りが消え始めている、人と話す機会が少ないなど、住んでいる地域は違っていてもつながりがたりないという課題は同じだと知り、驚きました。

そして私は、こうやって貴重な体験をしてきたからには、絶対にアクションを起こさなければならない、と決心しました。

次の日、私は中央委員（本部役員と各専門委員長のこと）にサミットや感じた熱い思いを伝えました。初めは面倒くさいと感じていた人もいましたが、何とか説得して、みんなが本気で取り組み始めました。そして、「中学生が松川を変えるプロジェクト」が本格的に始まったのです。

プロジェクトの内容を考えるにあたって私たちが住む松川町の問題点を話し合いました。すると、異世代の方とのつながりがない、避難されてきている飯舘の方との交流がない、そして何より中学生が地域に貢献していることがないという意見が出ました。

この意見をもとに私たちが起こすべきアクションを熟議した結果、各委員会ごとに交流を通して、日々の感謝を伝えたり、地域を知ったり、気持ちを共有することを通して町民一人一人の意識や気持ちが変わる、つまり松川が変わることにつながるのではないかという案にまとまりました。

………どの委員会も大きな課題であった「異世代の方との交流」を取り入れています。

私たちは、この活動によって二つのことを目指しています。

一つは「全国の方に福島の中学生のエネルギーを伝える」ことです。まだまだ震災や原発事故のイメージがぬぐいきれていない福島ですが、中学生は負けることなく地元のために頑張っていることを知ってもらえば、全国の方にとっても福島にとっても大きなメリットになると思います。

二つ目は、「全国各地でこのようなアクションを起こしたいと思う子どもたちが増える」ことです。これをきっかけに自分も活動したいと思う若者が増えれば、日本もよりよくなるのではないかと考えます。

今回のプロジェクトは、私たちの中学校にとっても初の試みです。三八一名の全校生が本気で町を変えるためのアクションをここ松川だけで終わらせたくない。………


こうして平成二七（二〇一五）年から、「地域交流活動」（中学生の力で松川を変える）がスタートとしたのです。教え子たちが生徒会のリーダーとして活躍しているので、私も興味を持って実践を見ていました。

さらに、平成二九（二〇一七）年度からは、松川小学校の六年生七九名も一緒に活動しましょうということになり、打ち合わせを繰り返しましたが、とても充実した活動でした。委員会ごとにいろいろな活動が準備されていました。

生徒会本部では、「これからの町づくり」についてグループ討論が進められていました。アドバイザーとして、福島大学で「地域学」「地元学」を学んでいる学生が全グループに入っていました。あるグループでは、松川のおいしい野菜をふんだんに使った弁当を作って売り出してはどうかということになりました。早速、地元の農協や地元の方が経営しているスーパーに問い合わせて、実現できるかどうか確認を始めていました。学生のアドバイスはなかなか的確で、私も感心させられました。福島大学との連携は、平成二七（二〇一五）年六月に行われた「中学生のための福島大学見学会」に参加したことから始まりました。学区内に福島大学があることも好条件で、「学生団体災害ボランティアセンター」とも連携し、自発的・主体的に活動することの大切さを教えてもらうことが出来ました。話し合いで終わるのではなく、その活動を実現するためには何が必要か、どうすれば可能かをすぐに追求するところがすばらしいと思いました。

②人とふれあう温かさ

ＪＲＣ委員会では、足湯とハンドマッサージを高齢者施設で行いました。急にはできないので、しっかりと学習してから練習をします。はじめに、福島大学の「学生団体災害ボランティアセンター」の学生が、何に気をつけるかを指導しました。

「なんといっても笑顔で接して下さいね」

そしてどんなことをお年寄りと話せばいいかを教えていました。

「黙っているのではなく、おしゃべりをすると、とても喜ばれますよ。簡単で話が弾むのは、朝食で何を食べましたかとかお好きな食べ物はなんですか、と言ったことを聞くと、すらすら答えてくれますよ」

と教えてくれます。中学生も六年生も一生懸命メモを取っています。その後、早速実習開始。大きなおけにお湯を入れ、入浴剤を入れてよくかき混ぜます。温度を確認し、快適な温度にします。タオルを準備し、お年寄り役の子どもが足を入れます。そして温度を確認し、手を出してマッサージを始めます。これも練習済みなので、とても慣れた手つきです。マッサージしながら、語りかけます。中学生を六年生がマッサージしているのを見ていました。なかなか上手です。

「部活は何をやっていますか？」

「吹奏楽です」

「どんなことが楽しいですか？」

「練習して上手になって、みんなで合わせた時にうまくいくと、いいなあって思います」

「そうですか！　いいですね」

「大変なことはどんなことですか？」

「やっぱり、繰り返し練習しないと上手にならないことですかね」

初対面だという二人なのに、いつの間にか何年もつきあっているような感じでした。感想を聞くと二人とも
「すごく楽しかったです。お年寄りだったら、もっといろいろな話ができるかもしれません」
とのこと。感心しました。人と話をすることの大切さを体験できます。

③成長していく子どもたち

中学生の感想です。

○地域の人たちと話をするということは、松川を変える第一歩なのだと実感しました。中学生だけでは考えられない素晴らしい意見や納得させられる意見などが数多く出て、大人の方や先輩方は素晴らしい方たちばかりで、幸せな環境にいるということに改めて気づかされました。

○この活動が本当に成功するとは思わなかったので「信じることの大切さ」を学びました。そしてサミット（中学生が松川地区の住民に呼びかけ、町づくりについて意見交流をしました。地域の方が七〇名ほど集まりました）の中では、こんなに町のことを考えてくれる人がいるのだなということを知りました。

○松川を変えていく面白さや手応えを感じました。
○一回目から継続して話し合いができたことは素晴らしいと感じました。未来について考えることのできる地域を誇りに思います。

給食委員会は、地域の方と大豆の種まきを行い、しっかりと世話をし、収穫し、調理まで行いました。その中で、地域の方との会話を繰り返し、大豆の流通経路、若者の農業離れについて学習し、自分の出来ることは何かを考えていくのでした。こんな感想を寄せています。

○地域交流活動を通して、感謝の気持ちの表し方は、言葉だけではなく、「料理を作る」ということもあるのだと思いました。そして、大豆を使った新しい調理法を見つけることができ、自分たちも地域の方々も楽しむことができてよかったと思います。地域交流活動によって、地域の見方も変わり、人と人との輪を広げられることの重要さを改めて感じることができ、自分にとってものすごくよい体験でした。
○地域の人に伝統食の作り方を教えてもらい、地域に支えてもらっていることや食べ物の大切さを学びました。これからは地域の人に感謝を伝えたり、農作業の手伝いをして役に立てればいいと思います。

地域の人とかかわることで、自分は何ができるのかという学びを進めています。そして、自分も他者のために役に立つのだという気持ちを育てることは、学校でもっとも求められていることだと思います。あまりにも「だめな自分」を突きつけられる学校の中で、新たな学びの方向性を示しているように思います。

あとがき

学校が学力向上にばかり取り組んでいる状況の中、いじめによる自殺が起こり、避難している福島の子どもたちをいじめることが表面化し、子どもたちから笑顔が消えているように感じています。学習会に行って先生方の話を聞くと、どの学級も本当に大変な状況です。教室内を歩き回る、奇声を発する、すぐに暴力を振るう、いきなりパニックを起こす、授業中寝ている子ども（家庭内はトラブルばかりで眠れないのです）、不登校、学びからおりる子ども、そして保護者との対立。「できることなら仕事を辞めたい」という話も数多く聞きました。未来を担う大切な子ども、その子どもをしっかりと育てるはずの学校が、おかしくなっています。大変な危機であると思います。子どもたちの現状をしっかりと見ていかないと大変な事態になると感じています。

教職員も疲れ果てています。ゆとりがないのは誰もがわかっていますが、次から次へと新しい指導内容が導入され、いったい学校はどうなるのかと頭を抱えてしまいます。道徳の教科化、外国語活動の時数増加、小学三年からの指導開始、………。学力向上、不登校の削減目標設定と取り組みの強化、誰もが同じ指導をするというスタンダード化………学習会に招かれた時に用いるレジュメには、メールアドレスを載せていますが頻繁に困ったというメールが来ます。やってもやっても終わらない仕事に疲れ果てているというメールもありました。

学校は、本来未熟な子どもが成長していく素晴らしい場であると思います。また、友だちと一緒にイベントや行事に取り組んで仲間の良さを体験的に学んだり、楽しく学んで、「自分もやればできる」という気持ちを育て、しっかりとした学力をつける場であるはずです。「楽しい場」であってよいはずです。子どもからすれば、先生は自分をよく伸ばしてくれる存在であるはずです。しかし、どうもその反対になってしまっています。

これからも、子どもにやさしい学校になるようささやかながら努力していきたいと思います。

最後に、このような執筆の機会を頂きました高文研社長・飯塚直さんに感謝したいと思います。二年前の北関東地区学校に招かれ、福島の話をさせていただきましたが、その時に執筆してはどうかと声をかけて頂きました。

原稿が遅れ、ぎりぎりになってばかりにもかかわらず、励まして頂きました。本当にありがとうございました。深く感謝致します。

２０１７年　７月　古関　勝則

古関　勝則（こせき・かつのり）

福島県生まれ。現在、福島市立松川小学校に勤務。全国生活指導研究協議会研究全国委員。日本群読の会常任委員。福島県民間教育団体協議会副代表。福島大学人間発達文化学類講師（「特別活動」担当）。

著書に『すぐつかえる学級担任ハンドブック小学1年生』『学級担任のための家庭学習かんたん指導法』（以上、たんぽぽ出版）『子どもが主人公となる学校を』（明治図書）『授業のアイデア　5・6年　これでうまくいく授業のポイント72』（ひまわり社）『おいしい！授業　70のアイデア＆スパイス＋2』（フォーラム・A）が、共著書に『教室で楽しむ群読 12ヶ月　低学年編』『教室で楽しむ群読 12ヶ月　中学年編』『教室で楽しむ群読 12ヶ月　高学年編』（高文研）『班をつくろう』『リーダーを育てよう』『話し合いをしよう』（クリエイツかもがわ）　他多数

現住所　〒960-1304　福島市飯野町大久保字二本松7－3
E-mail　cib61020@syd.odn.ne.jp

子どもにやさしい学校に
子どもはだめであたりまえ、じっくりと成長していきます

●二〇一七年八月一〇日――第一刷発行

著　者／古関　勝則

発行所／株式会社 高文研
東京都千代田区猿楽町二－一－八
三恵ビル（〒一〇一－〇〇六四）
電話 03（3295）3415
http://www.koubunken.co.jp

印刷・製本／シナノ印刷株式会社

★万一、乱丁・落丁があったときは、送料当方負担でお取りかえいたします。

ISBN978-4-87498-630-1 C0037